KULDĪGA 7

Ein Städtchen wie ein Schmuckkästchen und dazu viel Spaß im witzigsten Wasserfall der Welt

📷 *Tipp: In der Abendsonne machst du unglaubliche Fotos vom Wasserfall, wenn die Kids herunterspringen.*

➤ S. 76, Lettland

KURISCHE NEHRUNG 8

Riesige Wanderdünen, Traumstrände, endlose Radwege im Wald, kaum Autoverkehr – fast zu schön, um wahr zu sein

📷 *Tipp: Kamera raus auf der riesigen Düne von Nida! Zu Hause kannst du behaupten, es sei die Sahara …*

➤ S. 64, Litauen

AUKŠTAITIJA-NATIONALPARK 9

Hügel, Wälder, Seen – DAS Naturparadies im äußersten Osten Litauens

📷 *Tipp: Wenn du nervenstark den Aussichtsturm eroberst, machen sich die Drehschwindel-Fotos fast von selbst.*

➤ S. 54, Litauen

TRAKAI 10

Die älteste erhaltene Wasserburg Europas ist eines der Top-Bauwerke des gesamten Baltikums (Foto).

📷 *Tipp: Mach den Anbietern der Mini-Bootstouren eine Freude und knips die Burg perfekt vom Wasser aus.*

➤ S. 53, Litauen

INHALT

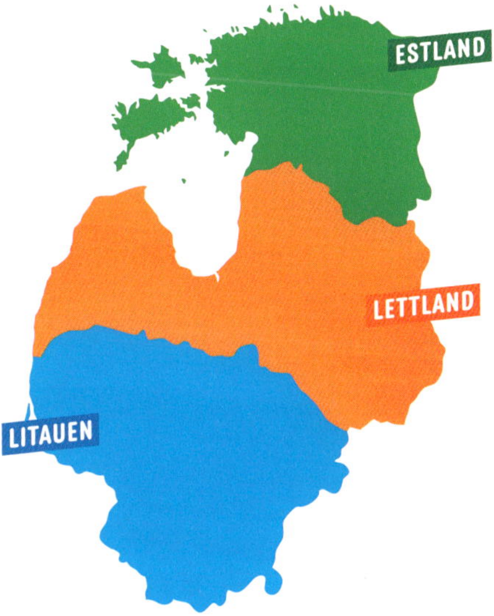

Besuch planen
€-€€€ Preiskategorien
(*) Kostenpflichtige Telefonnummer
Essen/Trinken
Shoppen
Ausgehen
Top-Strände

(A2) Herausnehmbare Faltkarte
(0) Außerhalb des Faltkartenausschnitts

BESSER PLANEN
MEHR ERLEBEN!

Digitale Extras
go.marcopolo.de/app/btk

MARCO POLO

DIGITALE EXTRAS

DIGITAL NOCH MEHR ERLEBEN

Schneller in Urlaubslaune kommen.

Perfekt organisiert sein – vor, während und nach dem Urlaub.

Mit der MARCO POLO Touren-App und unseren digitalen Angeboten.

Noch mehr Trendziele, Inspiration und aktuelle Infos findest du auf **marcopolo.de**

Werde Teil unserer Reise-Community und folge uns auf **Instagram** und **Facebook!**

SO EINFACH GEHT'S

1. Website besuchen
2. Die digitale Welt von MARCO POLO entdecken
3. App runterladen und ab in den Urlaub

Alle Infos zum digitalen Angebot unter **marcopolo.de/app**

DAS BESTE ZUERST

Ostsee, Strand & Holzarchitektur: Badefreuden in Majori nahe Rīga

BEST OF BEI REGEN

SCHÖN, AUCH WENN ES REGNET

MALEN NACH TÖNEN

Das Bild klingt aber wirklich gut! Im *Čiurlionis-Kunstmuseum* von Kaunas sieht man, wie das spätromantische Universalgenie Malerei und Komposition zu verbinden versuchte. Bei 360 Arbeiten des Künstlers kann es draußen so lang regnen, wie es will.

➤ S. 58, Litauen

LETTISCHE MARKTWIRTSCHAFT

Willkommen im Bauch von Rīga: Der *Zentralmarkt* in den alten Zeppellinhangars hinter dem Hauptbahnhof ist eine echte Institution. Auf dem größten Basar des Baltikums erlebst du ein Fest für alle Sinne, wenn sich die Düfte von Fisch, Fleisch, Obst, Gemüse, Blumen und Gewürzen vermischen.

➤ S. 85, Lettland

KUNST, ABER OHO

Gähn, schon wieder ein Museum? Ja, aber das *Kumu* (Foto) spielt in einer eigenen Liga: Mit seinen umwerfenden Installationen ist es einer der heißesten Tipps für zeitgenössische Kunst in ganz Europa.

➤ S. 110, Estland

IM LICHTSCHLOSS VERSUMPFEN

In der *Lettischen Nationalbibliothek* in Rīga können – müssen aber natürlich nicht – 5 Mio. Medien umsonst gelesen werden. Wenn du damit durch bist, warten noch ein paar Ausstellungen. Das ziemlich coole, erst ein paar Jahre alte Gebäude wird nicht zufällig respektvoll „Lichtschloss" genannt.

➤ S. 83, Lettland

VERSUCHUNGEN

In *Pierres Chocolaterie* dürft ihr ganz offiziell ohne schlechtes Gewissen schwach werden. Die Marzipanpralinen und anderen Kreationen des Tallinner Schokoladenmeisters sind nicht nur bei Sauwetter eine echte Versüßung des Tages.

➤ S. 111, Estland

BEST OF

LOW-BUDGET

FÜR DEN KLEINEN GELDBEUTEL

FREU DICH AUF FREILICHT

Das *Litauische Ethnographische Freilichtmuseum* bei Kaunas ist eines der größten seiner Art in Europa. Für 10 Euro pro Kopf könnt ihr hier wirklich einen halben Tag oder mehr zwischen Bauernhöfen, Windmühlen, Brunnen, Kunsthandwerk und Folklorepartys verbringen. Und jeden letzten Samstag im Monat ist's sogar ganz umsonst!

➤ S. 60, Litauen

IM HOF WIRD LIVE GEROCKT

Jeden Donnerstag gibt's im Hof des kultigen Rīgaer *Kalnciems-Viertels* in Pardaugava ein kostenloses Open-Air-Konzert. Erleb authentisch und live lettische Bands und Musiker von Indie über Rock bis Jazz.

➤ S. 84, Lettland

MUSEUM UMSONST

Das *Jüdische Museum*, das *Okkupationsmuseum* sowie die *Nationalbibliothek* (Foto) in Rīga könnt ihr kostenlos besichtigen. Viele andere Museen im ganzen Baltikum bieten spezielle eintrittsfreie Tage.

➤ S. 82, 81, 83, Lettland

FLUG VERSPÄTET? SUPER!

Flughäfen sind oft öde und teuer. Nicht so im sympathischen *Tallinner Airport*. Eine Bibliothek, Spielplätze, freies Wifi, eine Küche zur beliebigen Nutzung und sogar ein Fitness-Center sorgen für tiefenentspanntes Warten.

➤ S. 133, Gut zu wissen

ZEIG MIR DEINE STADT!

Die besten *Stadtführungen* können nicht mit Geld gekauft werden: In *Vilnius* und *Rīga* nehmen euch Locals mit auf Rundgänge durch die Altstädte oder die spannenden neuen Viertel. Okay, ein nettes Trinkgeld solltet ihr natürlich schon springen lassen, aber das werdet ihr sehr gern tun!

➤ S. 137, Gut zu wissen

BEST OF
MIT KINDERN

SPANNENDES FÜR GROSS & KLEIN

À LA KART
Eine Feldkartbahn unter freiem Himmel, eine Seifenkiste unterm Gesäß und das Steuer in der Hand – was braucht man/kind/frau mehr? Auf ins *FK Center Tallinn,* wo man in den Fahrzeugen ganz schön Geschwindigkeit aufnehmen kann!

➤ S. 113, Estland

KINDER, WIE DIE ZEIT VERGEHT
Im *Miiamilla-Kindermuseum* von Tallinn nimmt euch das nette Personal für ein, zwei Stunden die Bespaßung der Kleinen aus der Hand. Und auch Erwachsene sind hier schon dabei erwischt worden, dass sie Freude hatten.

➤ S. 113, Estland

BARBIE, LASS DEIN HAAR HERUNTER
Der Name *Spielzeugmuseum* (Foto) reißt keinen vom Hocker, aber diese große Sammlung im estnischen Tartu, von uralt bis neu, macht einfach Laune. Für den bildschirmgeschädigten Nachwuchs gibt's auch zusätzlich ein paar interaktive Stationen zum Herumdaddeln.

➤ S. 118, Estland

ICH TARZAN, DU BEGEISTERT!
Der Abenteuerpark *Tarzāns* im lettischen Daugavpils lässt dich und deine Kids gleichermaßen zu Lianenschwingern werden. Klettern, balancieren, am Seil hinabsausen – und das alles mitten im herrlichen Kiefernwald.

➤ S. 94, Lettland

MACHT EUCH NASS!
Wenn schon *Aquapark,* dann der hier: Im litauischen *Druskininkai* ist's für die Kleinen besonders schön, denn es gibt einen extra abgetrennten Kinderbereich mit gleich sechs verschiedenen Rutschen und dazu ein Wellenbad.

➤ S. 55, Litauen

BEST OF

TYPISCH

DAS ERLEBST DU NUR HIER

ESTLANDS GANZER STOLZ

Giebel, Türme, Backsteinkirchen: In Tallinns meisterlich restaurierter *Altstadt* mischt sich baltische Lebensfreude mit hanseatischem Flair. Und wenn im Sommer rings um den *Raekoja plats* die Cafés und Läden öffnen, hast du deinen Lieblingsplatz schon gefunden.

➤ S. 107, 108, Estland

DIE INSEL DER INSELN

Mehr als 1500 Eilande säumen die estnische Küste, viele davon winzig. Ganz im Gegensatz zu *Saaremaa:* Die größte von allen ist eine Welt für sich, wildromantische Natur, uralte Bockwindmühlen und die wuchtige Bischofsburg in der lebhaften Inselhauptstadt Kuressaare bieten den perfekten Mix.

➤ S. 103, Estland

RĪGAS EWIGE JUGEND

Der Altstadt die Macht, dem *Jugendstil* die Pracht: Was Architekten wie Michail Eisenstein in der überschwänglichen Euphorie der lettischen Romantik schufen, ist europaweit spitze. Fast 800 Jugendstilfassaden zieren Rīgas Straßen – Poesie in Stein.

➤ S. 82, Lettland

KÜSTENSCHÖNHEIT IN HALBINSEL-FORMAT

Der ganze Reiz baltischer Strandherrlichkeit, für euch zusammengedampft auf dem kaum über 40 km langen Landstreifchen der *Kurischen Nehrung* (Foto). Und an der russischen Grenze ist dann Schluss.

➤ S. 64, Litauen

BALSAM FÜR SCHWARZE SEELEN

Rīgas Melnais Balzams, der bitterschwarze Kräuterlikör, ist in Lettland ein Star, aber auch ein Exportschlager. Ein Apotheker erfand ihn vor langer Zeit als Arznei; du tust deiner Gesundheit mit der hochprozentigen Spezialität also sogar etwas Gutes!

➤ S. 86, Lettland

SO TICKT DAS BALTIKUM

Was den Style angeht, immer auf der Höhe der Zeit: Beach Bar in Pärnu

MARCO POLO TOP-HIGHLIGHTS

SAAREMAA ★1
Nordisch by nature: zerklüftete Buchten, einsame Strände und endlose Wacholderwälder auf Estlands größter Insel

Tipp: Vom Leuchtturm Sõrve tuletorn geschossen, ist jedes Foto ein Meisterwerk

➤ S. 103, Estland

CĒSIS ★4
Als wäre der Gauja-Nationalpark an sich noch nicht toll genug, gibt's mittendrin eine feste Burg und ein mittelalterliches Innenstädtchen dazu.

➤ S. 88, Lettland

ALTSTADT TALLINN MIT DOMBERG ★2
Gleich vier Aussichtspunkte ganz weit oben vom Domberg machen den Blick frei auf die fantastische, verwinkelte und sympathische Altstadt von Tallinn.

➤ S. 107, Estland

ALTSTADT RĪGA ★5
Die Aufnahme hätte sich die Unesco fast schon sparen können: Die unglaublich lebhafte und leuchtend hübsche Old Town ist sowieso schon auf jeder Liste.

➤ S. 80, Lettland

LAHEMAA-NATIONALPARK ★3
Die Schönheit der Buchtenlandschaft erlebst du auf kleinen und großen Wanderungen durch diesen estnischen Nationalpark im hohen Norden.

➤ S. 114, Estland

JUGENDSTILVIERTEL RĪGA ★6
Es wallt, es wirbelt, es windet sich kunstvoll und bestens restauriert über die Fassaden. Die Schätze der Gründerzeit findest du im Rīgaer Zentrum.

➤ S. 82, Lettland

BAL TI KUM

ESTLAND LETTLAND LITAUEN

INSIDER-TIPP
Deine Abkürzung ins Erleben!

Reisen mit MARCO POLO Insider-Tipps

VEIN & MULL
SAUVIGNON BLANC 6 27
ROSE 7 32
PROSECCO 7 32
CAVA 7 32
SUMMER SPRIZ 5
VÄRSKE APELSINIMAHL 4
NUDIST ALKOVABA ÕLU 3.5
PÕKS
NB! KÕIKIDELE JOOKIDELE LISANDUB
PANT 2€

ENTDECKE DAS BALTIKUM

Rīgas Livenplatz: entspannt-urbanes Sommernachtsleben unterm Nordlicht

Was gibt es da nicht zu mögen? Drei kleine Länder, nette Leute, viel Platz, tausende Kilometer Küste mit fantastischen Stränden, haufenweise Naturparks, drei richtige Metropolen und dazu noch eine Menge wunderbarer kleinerer Städtchen mit reicher Geschichte. Das Ganze auch noch gut bezahlbar und nicht weit entfernt. Ein absoluter Urlaubsvolltreffer.

Schon mehr als drei Jahrzehnte sind vergangen, seit das Baltikum sich mit seiner singenden Revolution aus der Sowjetunion befreite. Estland, Lettland und Litauen sind selbstbewusste nordeuropäische Länder, alles in allem EU-Musterschüler und überzeugte Nato-Mitglieder: drei junge Ostseerepubliken, die dem alten Kontinent guttun – mit ihrem Mut zu innovativen Ideen, ihrer Aufbruchstimmung, ihren gelebten Traditionen. Ein Faible für brandneue Informationstechnologien verbindet die Balten ebenso wie die Verwurzelung im alten Brauchtum.

13. Jh.
Der deutsche Schwertbrüderorden erobert das heutige Lettland und Estland

1201
Gründung Rīgas durch den Bremer Bischof Albert

1219–1227
Dänen bauen die Festung Reval (heute Tallinn)

1385
Litauisch-polnische Union

ab 1710
Zarenzeit im Baltikum: Livland und Estland fallen an Russland

1917/18
Unabhägigkeitserklärungen in Estland, Lettland und Litauen

BALTEN, DIE EIGENTLICH KEINE SIND

Die Menschen hier mögen es nicht wirklich, als „Baltikum" zusammengefasst zu werden. Natürlich macht es die ganze Welt trotzdem. Dennoch gut zu wissen: Die finnougrischen Esten sind streng genommen gar keine Balten. Esten fühlen sich mehr den Finnen verbunden. Das katholische Litauen hat durch Geschichte, Kultur und Religiosität dagegen eher Berührungspunkte mit Polen – beide Länder waren mehrere hundert Jahre als europäische Großmacht in einem Staat vereint. Lettland ist wiederum kulturell stark von den Jahrhunderten deutscher Dominanz geprägt. Und doch haben die drei natürlich auch vieles gemeinsam: Sie wurden einst der Sowjetunion einverleibt, Jahrzehnte später fanden sie dann im Kampf für die Unabhängigkeit zum wunderbarsten Akt des Widerstands zusammen: Am „Baltischen Weg", einer Menschenkette von Vilnius bis Tallinn zum 50. Jahrestag des unheilvollen Hitler-Stalin-Pakts am 23. August 1989, nahm jeder Dritte Este, Lette und Litauer teil.

WILDE SCHÖNHEIT IN DER PROVINZ

Es ist eben diese wechselvolle Vielfalt aus verschiedenen Kulturen und Landschaften sanfter Schönheit, die das Baltikum als Reiseziel so reizvoll macht. Einsame Seen und urwüchsige Wälder, Sommerwolken über Auwiesen, Wildrosen und „weiße" Juninächte: Wenn du mit diesen Vorstellungen in die drei Ostseerepubliken reist, wirst du unzählige Paradiese entdecken. Allein die Küste wandelt schier endlos zwischen dem litauischen Nida und dem Lahemaa-National-

1939/1940 Hitler-Stalin-Pakt; das Baltikum wird der Sowjetunion zugeschlagen

1941 Massendeportationen nach Sibirien

1941–44 Deutsche Besatzungszeit; Massenmord an baltischen Juden

1944/45, 1949 Rückkehr der Roten Armee, Zehntausende werden deportiert

Ende der 1980er-Jahre Unabhängigkeitsbewegungen und baltische „Volksfronten" gründen sich park im Norden Estlands immer wieder ihre Form: Sandstrände, soweit der Blick reicht, Dünenketten und zerklüftete Steilufer, schroff ins Meer abfallende Klintfelsen. In Estland säumt ein schärenartiger Archipel aus über 1500 Inseln und Inselchen die Küste. Und natürlich wäre da noch die Kurische Nehrung, jene legendäre litauische Halbinsel, von der schon Wilhelm von Humboldt schwärmte. Oder auch die lettische Westküste mit ihren rekordverdächtig langen, einsamen Sandstränden.

Sobald du die Küste verlässt, erlebst du ein Land der leisen Töne, nordisch herb, melancholisch, introvertiert. Über die Hälfte des baltischen Nordens ist von Wäldern bedeckt. Dazwischen breiten sich geheimnisvolle Hochmoore aus wie die Latgale-Ebene, die sich im Osten Lettlands zu einer endlos scheinenden stillen Seenplatte öffnet – Traumreviere für Outdoor-Fans.

METROPOLEN, DIE VOR LEBEN BERSTEN

Der Kontrast zu den Hauptstädten könnte größer nicht sein. Hier schlägt das Herz der jungen Republiken – politisch, wirtschaftlich, kulturell. Rīga, Tallinn und Vilnius haben sich herausgeputzt, der graue Sowjetmief ist einem lebendigen Mix aus eleganten Läden und Galerien, Restaurants und trendigen Cafés gewichen. An Sommerabenden herrscht in Clubs, Jazzkneipen und Straßencafés ein entspannt-urbanes Nachtleben. Und doch: drei Hauptstädte, drei Gesichter. Tallinn betört mit mittelalterlichem Charme. Das historische, meisterhaft restaurierte *Vanalinn* mit seinen Gassen, Wehrtürmen und Kirchen rings um den Domberg zählt zu den schönsten Altstädten Europas. Das Fischerviertel Kalamaja mit dem Hotspot Telliskivi ist charmante Spielwiese der Hipster-Szene. Lettlands Hauptstadt Rīga vereint spielend hanseatische Backsteingotik mit der schwelgerischen Pracht von über 800 Jugendstilhäusern. Die Altstadt dagegen ist nicht nur wunderschön, sondern vibriert geradezu vor Leben und Betriebsamkeit.

Und dann wäre da noch Vilnius: berauschend barock, katholisch, ein bisschen exzentrisch, geheimnisvoll. Litauens Hauptstadt wuchs als Schmelztiegel der Kulturen. In schattigen Hinterhöfen der verwinkelten Altstadt, zwischen alten Klöstern, Dutzenden Kirchen, Kaufmannshäusern und dem prächtigen Univer-

1990/1991 Estland und Lettland erklären sich 1991 für unabhängig, Litauen schon 1990

1993–99 Abzug der Sowjettruppen

2004 EU-Beitritt

2011, 2014 und 2015 Euro-Einführung

2015/2016 Die Nato stationiert zusätzliche Einheiten im Baltikum

2022 Kaunas ist Europäische Kulturhauptstadt

2024 Tartu ist Europäische Kulturhauptstadt

sitätskomplex lebt noch der Zauber der litauischen Vielvölkerstadt. Heute fühlen sich Künstler und Freigeister von der bohemistischen Stimmung angezogen.

Windet sich in schönsten Schleifen durch stilles Land: die lettische Daugava

MITTENDRIN IN EUROPA

Kaum zu glauben: Irgendwo in der litauischen Provinz kreuzen sich die Achsen Gibraltar–Ural und Nordkap-Kreta – der Mittelpunkt Europas. Das „Ost"-Label will man ablegen. Die lähmende Abhängigkeit von russischen Märkten ist weitgehend überwunden: Drei Viertel ihres Außenhandels wickeln die Ostseerepubliken inzwischen mit der EU und Skandinavien ab.

Die globale Krise nahm auf Wirtschaftswunder keine Rücksicht. Die gefeierten Stars unter den aufstrebenden Ökonomien stürzten 2008 in die Rezession. Es sah zwischendurch extrem dramatisch aus. Drei Jahre dauerte die Talfahrt, doch inzwischen ist das Baltikum wieder quicklebendig, die Wirtschaft der kleinen Länder hat sich erstaunlich schnell erholt und steuert mit jährlichen Wachstumsraten über dem EU-Schnitt wieder auf stabilem Kurs. Wie das ging? Ein beispiellos radikales Sparprogramm, zwischenzeitige Lohnkürzungen von bis zu 40 Prozent, harte Einschnitte bei Renten und Sozialleistungen und die geringste Staatsverschuldung in der EU halfen zum Beispiel Estland vergleichsweise schnell aus der Krise. Eine Mischung aus rigidem Sparkurs und attraktiven Anreizen für Gründer und ausländische Investoren funktionierte. Mitten in den Euro-Untergangsdebatten führten die Esten gefolgt von Letten und Litauern ihn als Währung ein. Und feierten das sogar noch.

AUF GLÜCKSSUCHE NACH WESTEN

Auch das ist halt typisch Baltikum: Optimismus. Ärmel hochkrempeln statt zu jammern. „Die Lösung ist immer nur drei Anrufe entfernt", sagt man in Tallinn. Natürlich hat der schicke neue Lack auch seine Kratzer. Vor allem die Rentner konnten auf den Wirtschaftswunderzug nicht mit aufspringen. Auch ist das Wohlstandsgefälle zwischen Stadt und Land sehr deutlich, selbst wenn die

EU-Fördergelder durchaus auch und gerade die ärmeren Regionen erreichen. Die Folge der EU-Mitgliedschaft war deshalb eben auch eine Massenauswanderung von Menschen in die anderen, reicheren Länder des Westens, die ihre Arbeitsmärkte öffneten. Von Aushilfskräften bis hin zu zahlreichen hochqualifizierten Angestellten, von der dauerhaften Emigration bis zum zeitlich befristeten Auslandsaufenthalt, versuchten Hunderttausende, die finanziellen Perspektiven ihrer Familie kräftig aufzupolieren.

DAS SCHWERE ERBE

Auch die Wunden der Sowjetzeit sind noch nicht vernarbt. Viele Menschen in den drei Ostseerepubliken nehmen die Politik Moskaus nicht erst seit dem Überfall auf die Ukraine als Bedrohung der eigenen Sicherheit wahr, und die baltischen Regierungen, traditionell amerikatreu, forderten erfolgreich die Stationierung von mehr Nato- und US-Militär in ihren Ländern. Die großen russischen Minderheiten in allen drei baltischen Staaten machen das Verhältnis zu Moskau auch nicht gerade zum Zuckerschlecken. Das Verhältnis zwischen den Balten und den russischen Bevölkerungsgruppen ist allerdings trotz aller Integrationsprobleme nicht das allerschlechteste. Auch unter den Russen im Baltikum, viele von ihnen besitzen litauische, lettische und estnische Pässe, prägt zunehmend eine Generation das Bild, die die Vorteile des Lebens in der EU zu schätzen weiß. Oft wirkt es allerdings eher wie ein friedliches Nebeneinander als ein Miteinander.

Die Balten sind patriotisch. Wen wundert's? Ihre Geschichte war jahrhundertelang eine Geschichte fremder Herren: Deutsche, Dänen, Schweden, Russen – sie alle kamen und okkupierten, was ihnen gefiel in der strategisch günstig gelegenen Ostseeregion. Freie Nationalstaaten auszurufen gelang den Balten erstmals 1918, in den Wirren nach dem Ersten Weltkrieg. Zeugen der bewegten Vergangenheit findet man überall im Baltikum: Ordensburgen, alte Landsitze des deutschbaltischen Adels, Schlösser prächtig wie Zarenpaläste.

MIT OFFENEN ARMEN

Touristische Geheimtipps sind die Ostseerepubliken längst nicht mehr, immer mehr Reisende entdecken das Baltikum. Hits sind natürlich die Hauptstädte, aber auch die Kurische Nehrung, die feinen Badeorte Jūrmala und Palanga, die estnische Insel Saaremaa und der Gauja-Nationalpark. Doch auch im Hinterland gibt's viel zu entdecken: das Kurbad Druskininkai, die tiefen Wälder des litauischen Südens, das seenreiche Lettgallen oder die estnische Nordküste sind echte Geheimtipps für alle, die neue Wege gehen wollen. Unterkünfte gibt's im Baltikum problemlos, das Angebot reicht von Fünf-Sterne-Luxus über stilvoll restaurierte Landschlösser bis zu Hostels oder Campingplätzen. Wer Land und Leute kennenlernen möchte, nimmt alternativ ein Privatquartier. Hier wirst du es am schnellsten spüren: Der große Reichtum dieser wundervollen Länder sind seine Menschen, gastfreundlich und hilfsbereit.

AUF EINEN BLICK

6,04 MIO.

Einwohner

Estland: 1,32 Mio., Lettland: 1,92 Mio., Litauen: 2,8 Mio.

4.382 km

Küstenlänge

Litauen: 90 km, Lettland: 498 km
Estland: 3.794 km (inkl. Inseln)

175.100 km^2

Fläche

Litauen: 65.300 km^2
Lettland: 64.600 km^2
Estland: 45.200 km^2
Bayerm: 70.500 km^2

HÖCHSTER BERG: SUUR MUNAMÄGI, ESTLAND

318 M

Zugspitze: 2.962 m

DER LÄNGSTE TAG:

21. JUNI

18 STUNDEN UND 39 MINUTEN STEHT DIE SONNE ÜBER TALLINN

WILDE TIERE:

12.000

ELCHE IN ESTLAND

23.000

STORCHENPAARE IN LITAUEN

5 UNESCO-WELTERBESTÄTTEN

Altstädte Tallinn und Vilnius, Rīgas Alt- und Neustadt, die Kurische Nehrung, die historische Stätte Kernavė in Litauen. Mit sechs anderen teilen die drei Staaten den für die Erdmessung wichtigen Struve-Bogen.

RĪGA

Größte Stadt mit 640.000 Einwohnern

78 L BIER PRO KOPF/JAHR:
Lettland
Österreich: 105 L

PLATZ 4 DER BASKETBALL-WELTRANGLISTE:
LITAUEN

DAS BALTIKUM VERSTEHEN

BABYLON IM BALTIKUM

Drei Völker, drei Sprachen. Und jede von ihnen so eigentümlich, dass ein Lette einen Esten nicht versteht und der wiederum mit einem Litauer kaum ein Wort wechseln kann. Litauisch ist ein lebendes Fossil. Mit dem Lettischen zusammen ist es eine baltische Sprache, na gut. Aber damit hört das Verständnis des interessierten Westeuropäers dann auch schon wieder auf. Für Ausländer sind beide ein Buch mit sieben Siegeln: Sieben Fälle hat das Litauische, 59 Laute und Klippen, an denen selbst Begabte verzweifeln. Das Lettische kommt ihm noch am nächsten, doch beide Sprachen haben sich in den Jahrhunderten stark auseinanderentwickelt, wobei besonders schriftlich noch immer viele Ähnlichkeiten da sind. Völlig aus dem Rahmen fällt Estnisch. Es ist näher verwandt mit dem Finnischen (da versteht man sich sogar gegenseitig ein wenig, wann man sich Mühe gibt) und sehr entfernt mit dem Ungarischen – sozusagen eine Cousine sechsten Grades. Wer Estnisch lernen will, hat sich viel vorgenommen: Es gibt weder eine Zukunftsform noch Präpositionen, auch keine Zischlaute, aber dafür um so mehr Vokale und – was euch ganz sicher den Rest geben dürfte – ganze 14 (!) Fälle. Wie quasseln also die Balten untereinander? Wenn möglich Russisch, sonst Englisch. Für Touristen gilt das ganz genauso.

Mit Russisch haben die drei Sprachen des Baltikums rein gar nichts zu tun. Aber es gibt ja noch die großen russischen Minderheiten. Dazu kommen die älteren Generationen, die zu Sowjetzeiten Russisch lernen mussten. Und auch die Jüngeren schauen inzwischen pragmatischer aufs Ganze: Sprache dient der Verständigung. So nimmt die Zahl der Schüler, die an baltischen Schulen Russisch lernen, inzwischen wieder zu. Am Narva College in Nordost-Estland wird sogar gleichberechtigt in Estnisch, Englisch und Russisch gelehrt.

DEUTSCHBALTEN

Dänen, Schweden, Polen, Russen – sie alle waren schon vor Ewigkeiten Baltikumfans. Doch leider waren ihre Absichten nicht ganz so friedlich wie diejenigen der meisten heutigen Touristen. Sie zogen durch die Länder und versuchten, das Gebiet zu beherrschen. So richtig lange hat das meistens zwar nicht geklappt, aber man drückte der Region so gut wie möglich seinen Stempel auf. Zu den ersten und langlebigsten gehörten Siedler aus Deutschland. Sie kamen seit dem 12. Jh.: Einige waren beseelt vom Kreuzzugaufruf des Papstes (1199), andere wollten schlicht eine neue Heimat finden. Um den Kreuzzug auch militärisch durchsetzen zu können, wurde 1202 der Schwertbrüderorden gegründet. Aus diesen Rittern ging der deutschbaltische Adel hervor, der

Nicht die Sprache, aber ihre Holzarchitektur wie in Pärnu verbindet die baltischen Länder

einen Großteil der Ländereien in Besitz nahm. Selbst im Zarenreich blieb die Vorrangstellung der Deutschbalten bestehen. Erst nach dem Ersten Weltkrieg war es dann vorbei mit den Privilegien. Die deutsche Geschichte im Baltikum endete mit dem Hitler-Stalin-Pakt. Damals holte Hitler die Deutschen aus dem Baltikum, um freie Bahn für seine eigentlichen Pläne, den Feldzug gegen die Sowjetunion, zu haben. Die meisten Deutschen leben heute noch im ehemals ostpreußischen Memelland und Litauen. Ihr kulturelles Zentrum ist das Simon-Dach-Haus *(sdh.lt)*.

HOLZTRÄUME

Sie verschwinden immer mehr aus den Zentren, aber an den Rändern und in kleineren Städten prägen sie immer noch das Bild: die typischen hölzernen Wohnhäuser, wie man sie auch aus Skandinavien kennt. Holz ist der Baustoff Nummer eins für die Balten. Wenn wie im estnischen Badeort Pärnu ganze Straßenzüge aus diesen Holzfassaden bestehen, dann ergibt sich eine gemütliche, fast zeitvergessene Atmosphäre. Schöne Beispiele für den baltischen Baustil gibt es auch im Tallinner Stadtteil Kalamaja, im litauischen Kedainiai, in Ventspils (Ostgals) und in Rīgas Pardaugava, in allen Stadien zwischen Pracht und Verfall. Doch nirgendwo im Baltikum blieb ein derart geschlossenes Ensemble alter Holzhäuser aus dem 18. und 19. Jh. erhalten wie in Kuldīga. In der Kleinstadt in der lettischen Provinz Kurzeme (Kurland), die oft Drehort historischer Filme war, hat man das Ge-

Das unauffällige Schwarz des Gefieders passt zum Verhalten: Schwarzstörche sind sehr scheu

fühl, einer versunkenen Zeit auf der Spur zu sein

HEISS GELIEBT

Lange vor Shades of Grey war gegenseitiges Auspeitschen Volkssport im Baltikum – in der Dampfsauna, dem traditionellen nordischen Wellnesstempel. Saunieren gehört in allen drei Ländern zum Alltag. In die baltische Sauna geht man nackt und redet viel. Am beliebtesten ist die Holzofensauna, schwarze Sauna genannt. Wichtiger Teil des Saunarituals ist das gegenseitige Abschlagen des Körpers mit Birken-, Eichen-, Lindenzweigen. Anschließend springt man in ein kaltes Gewässer.

Einige, aber längst nicht alle Saunen sind nach Männlein und Weiblein getrennt. Jedes Landhaus hat eine Sauna, auch die Hotels und Campingplätze, sogar einige Strände. Manchmal steht einfach ein großes Saunafass in der Landschaft herum, das von kleinen Gruppen gemietet werden kann. Und weil die baltischen Länder so lange Saunatraditionen haben, verwenden sie natürlich auch nicht das schnöde, internationale Wort *Sauna,* sondern ihre eigenen Begriffe: *pirtis* in Litauen und *pirts* in Lettland. Nur die Esten – verwandt mit den Finnen – sind mit *saun* sprachlich nah dran.

HELLE NÄCHTE

Überall im Baltikum wird die Sommersonnenwende ausgelassen gefeiert, mit der größten Begeisterung vielleicht in Lettland. In der Nacht vom 23. auf den 24. Juni brennen riesige Johannisfeuer, man tanzt in bunten Trachten, singt die alten Volkslieder, aber nicht nur: Rockkonzerte unter freiem Himmel gibt's nämlich auch reichlich. Einige kredenzen sogar spezielle Speisen und Biersorten, die eigens zum „Johannisfest" gebraut werden. Wer in dieser Nacht schläft, wird ein Jahr lang nicht viel Glück haben, heißt es. Das Feiern der Mittsommernacht wurzelt in einem alten heidnischen Brauch, in allen drei baltischen Republiken ist es das beliebteste Fest des Jahres. Der Legende nach können in der kürzesten Nacht des Jahres die Tiere sprechen – Smartphonebeweisfilme dafür wurden bisher allerdings nicht gepostet. Junge Paare gehen in den Wald, um den sagenhaften blühenden Farn zu suchen. Gefunden hat die Blüte noch niemand, doch neun Monate nach dem Fest werden auffällig viele Kinder geboren. So ergibt am Ende alles seinen Sinn ...

TIERREICH

Elche, Bären und Luchse sind scheue Einzelgänger. Im Baltikum finden sie reichlich Lebensraum. Die dichten Wälder, riesige Hochmoore und weite, wie unberührt in sich ruhende Ketten eiszeitlicher Seen zählen zu den Kronjuwelen europäischer Naturlandschaften. Ein Traum für Biber, man sieht sie sogar mitten in Rīga. Und besonders viele Vogelarten fühlen sich hier wohl: 355 Vogelarten haben Ornithologen allein in Lettland nachgewiesen, darunter Kostbarkeiten wie Regenbrachvögel, Schelladler, Birkhühner und die scheuen Schwarzstörche, von denen in den lettischen Wäldern über tausend Paare nisten. Die ostlettische Seenplatte hat die größte Fischotterpopulation des Kontinents, und es streifen auch wieder Bären durch die Wälder. Alle drei Ostseerepubliken haben die kostbarsten Refugien als Nationalparks unter Schutz gestellt. Die 14 Reservate von den Küstenhochmooren Estlands

KLISCHEE KISTE

SINGEN OHNE ENDE

Du kannst kein Buch übers Baltikum aufschlagen, ohne förmlich die Schallwellen zu spüren: Das ewige Stereotyp, als hätten die Menschen dort nichts Besseres zu tun, als sich ständig ihre Trachten überzuwerfen, zu tanzen und ihre traditionellen, oft patriotischen Lieder anzustimmen. Tatsächlich scheint's in der DNA zu stecken, denn gesungen wird wirklich immer. Und zwar am liebsten unter freiem Himmel. Wenn du im Sommer eine Burg in Estland besichtigst oder im Innenstadtlokal deinen Drink schlürfst, ist ein Live-Auftritt nie weit entfernt.

KEINER DA

Habt ihr im Baltikum schon mal im Stau gestanden? Okay, in den Hauptstädten wohnen schon ein paar Menschen, aber davon abgesehen habt ihr die Straßen vor allem für euch. Manchmal ist es schon ein Event, wenn mal einer entgegenkommt. Die meisten Städtchen und Dörfer werden auf den Hauptstraßen links liegen gelassen. Legendär sind auch die teils gigantischen Kreisverkehre, die man gefühlt morgens befährt und kurz vorm Mittagessen wieder verlässt. Entspannung pur. Aber damit's nicht zu schön wird: Die vielen Schotterpisten sind echte Wachmacher.

bis zu den tiefen Wäldern im Süden Litauens sind nicht nur Ökoreservate, sondern auch Symbole einer typisch baltischen Naturverehrung.

TOTAL NORMAL

Woran erkenne ich das Gemüt eines Esten? Während der introvertierte Este beim Reden auf seine eigenen Schuhe starrt, guckt der extrovertierte auf meine. Ein Litauer gibt Tipps für introvertierte Startup-Manager. Und *#iamintrovert* lautet ein PR-Slogan und Hashtag der lettischen Literatur, Partygänger tragen den Hashtag auf stylishe Hoodies gedruckt, die beste Mikrobrauerei *Malduguns* kredenzt das passende Bier. Wer im Gespräch dick aufträgt oder erregt die Stimme erhebt, hat schon verloren. Der schönste Strand ist menschenleer. Gern reklamiert jedes der drei Völker für sich, das wortkargste zu sein.

Die Esten sagen „normaalne", wenn etwas herausragend ist. „Normaalne" heißt übersetzt so viel wie: „Cool! Super! Wahnsinn!" Es ist das, was Esten sagen, wenn sie einmal so richtig viel Glück haben. Eine Million im Lotto gewonnen haben zum Beispiel. Die einen Tick redseligeren Litauer gelten Letten und Esten schon als südländisch-aufbrausend. Heinz Erhardt, der in Rīga geborene Gutelaunebär des deutschen Nachkriegswirtschaftswunders, teilte die Menschenscheu: „Wie wär die Welt so wunderbar umspült vom blauen Meer / wenn diese Welt, wie's einstmals war, ganz ohne Menschen wär." Na ja, sobald du eine der vibrierenden Hauptstädte betrittst, stimmt das alles natürlich nicht mehr so ganz. Da ist Offenheit Trumpf.

PILZRAUSCH

Der Pilzreichtum der baltischen Wälder ist geradezu legendär. Und Pilze sammeln ein Teil der baltischen DNA. Biologen haben etwa 1200 Arten gezählt, 280 davon sollen genießbar und etwa hundert ziemlich giftig sein. Die Balten behandeln das Waldgemüse als Bodenschatz; und tatsächlich hat es der findige Unternehmer Viliumas Malinauskas mit dem Export von Pilzen zum Millionär gebracht.

In den tiefen Wäldern sprießen im Herbst derart viele Steinpilze, dass im ganzen Land ein nationales Sammelfieber ausbricht. Busladungsweise schwärmen selbst die Hauptstädter dann zur „stillen Jagd" aus, auf den Wochenmärkten türmen sich frische Pilze, und in den Restaurants schmeckt nun vieles nach Pfifferling & Co. Im Dzūkija- und im Gauja-Nationalpark werden Mitte September Pilzfeste gefeiert.

Nur für Nervenstarke: Beim estnischen Kiiking geht's hoch hinaus und möglichst einmal rum

SCHAUKELN EXTREM

Bei ihren Lieblingssportarten gehen die drei baltischen Republiken eigene Wege. Litauen mischt auf dem Basketballfeld in der Weltliga mit. Schon dreimal holte das Land Olympiabronze, und Spiele des Nationalteams sind absolute Straßenfeger: Jede Kneipe, die etwas auf sich hält, stellt dann einen Bildschirm auf.

Mit Kristaps Porziņģis ist auch in Lettland ein Basketballer der Sportsuperstar, neben French-Open-Siegerin Jeļena Ostapenko. Noch populärer ist jedoch Eishockey. Und das kommt nicht von ungefähr, denn früh übt sich: Selbst in kleineren Städten gibt's meist eine Eishalle, in der sich schon die Jüngsten austoben.

Die Esten haben etwas ganz Eigenes kreiert: das Kiiking *(kiiking.ee)*. Das heißt auf Estnisch einfach nur „Schaukeln" und genau das ist es auch. Aber eben ziemlich extrem! Der Erfinder Ado Kosk verwandelte eine normale Freizeitschaukel mittels Teleskoptechnik in ein Extremsportgerät, um mit möglichst großem Radius einen kompletten Überschlag hinzubekommen. Der aktuelle Rekord liegt bei 7,15 m. Nichts für Angsthasen.

BEHÖRDENSURFEN

Ob die Steuererklärung am Handy in fünf Minuten ausfüllen und abschicken, mal eben ein Unternehmen gründen oder wählen „gehen": Die meisten Behördenvorgänge können die Esten inzwischen papierlos und ganz bequem von zu Hause oder dem Büro aus erledigen. Das schont Wälder und Nerven. *E-Estonia* ist europaweite Vorreiterin der Digitalisierung. Der estnische Ausweis ist eine Chipkarte, mit der man schon seit 2005 wählen oder Rezepte beim Arzt abrufen kann. Deutschland hinkt dem Nerd der EU digital gute 20 Jahre hinterher. Und das Mobilfunknetz ist übrigens auch fast im ganzen Land exzellent. Funkloch haben andere.

ESSEN SHOPPEN SPORT

Groß, größer, riesig: In Rīgas Zentralmarkthallen parkten früher Zeppeline

ESSEN & TRINKEN

Dampfende Kartoffelklöße, mit Hackfleisch gefüllt und Specksahnesoße übergossen? Eine Diät machst du lieber zu Hause, dafür empfiehlt sich die traditionelle baltische Küche nicht unbedingt. Sie ist oft deftig, bäuerlich und ziemlich kalorienreich. Doch sie können auch anders zwischen Tallinn, Rīga und Vilnius.

NEUE KREATIVE KOCHKUNST

Kulinarisch haben die drei Ostseerepubliken längst eine Wende hinter sich. Die Öffnung nach Westen kam da im wahrsten Sinn dem Blick über den Tellerrand gleich. Seither boomt nicht nur in den Hauptstädten eine junge, frische, sich immer wieder wandelnde Restaurantszene. Und kreativ, wie die Balten nun einmal sind, kombinieren junge Starköche wie Orm Oja im Tallinner Noa Chef's Hall oder Ēriks Dreibants raffinierte Gourmetküche in Rīga mit landestypisch bodenständigen Gerichten und Zutaten – regional und saisonal.

WENN'S SCHNELL GEHEN MUSS

Natürlich geht's auch hier nicht ohne internationale Klassiker à la Pizza, Pasta und Burger, übrigens sehr oft hausgemacht und verdammt lecker. Die Letten mögen auch die georgische Küche. Und in den Stadtzentren gibt es gefühlt an jeder Ecke Döner Kebab. Auch russische Fast-Food-Klassiker wie *pelmeni* sind häufig zu finden. Dazu passt dann besonders gut das kalorienreiche, süße und trotzdem erfrischende Getränk *Kvas* aus Wasser, Roggenbrot, Hefe und Zucker. Besonders in Litauen und Lettland verkaufen es manchmal sogar Straßenhändler aus großen Tanks. Man nennt es in Lettland *Kvass,* in Estland *Kali* und in Litauen *Gira*. Und probiert einmal den Birkensaft.

Leckere Bandbreite: von der Spitzenkost (li.) bis zum traditionellen Kartoffelkloß (re.)

BROTZEIT IST RUND UM DIE UHR

Immer auf den Tisch gehört traditionell Brot. Es steht überall im Baltikum im Rang eines geradezu heiligen Nahrungsmittels, um das sich Sprichwörter und Märchen ranken, „Jätku leiba", sagen etwa die Esten, wenn sie sich guten Appetit wünschen: „Möge euch das Brot reichen." Die Letten bevorzugen ihr *Saldskāba maize,* ein dunkles Roggenbrot, oft verfeinert mit dem Nationalgewürz Kümmel, in Estland wird vor allem auf dem Land noch das altbäuerliche, sehr gesunde Gerstenbrot gebacken. Die Litauer haben eine Schwäche für süßere Brotsorten, gern mit Koriander gewürzt. Eine besondere Knabberei sind in Lettland noch die kleinen, harten Brotsticks mit Salz und Knoblauch, dazu etwas Öl. Besser als alle Chips, aber Vorsicht beim Beißen – der ein oder andere Zahn ist dabei schon draufgegangen.

INSIDER-TIPP
Des Biers bester Freund

KLASSIKER BLEIBEN KLASSIKER

Bei aller Internationalität hat sich die Liebe zu den traditionellen Gerichten behauptet. Estlands Nationalgericht ist nach wie vor Sult: Fleisch in Aspik, Sülze eben, vorzugsweise vom Kalb. Dazu gibt's nach alter Sitte *Hapukapsas,* Sauerkraut. Typisch für die lettische Küche ist die Vorliebe für Suppen – und fürs Säuerliche. Ihr Nationalgericht *Putra,* gekochte Gerstengrütze, ist für die Letten erst komplett, wenn sie es kräftig mit Sauerrahm abgeschmeckt haben. Die Litauer verehren die Kartoffel. Es gibt angeblich an die hundert Rezepte, doch ganz obenan stehen ohne Zweifel die *Cepelinai,* gekochte Kartoffelklöße, mit Hackfleisch, Käse oder Pilzen gefüllt und sahniger Specksoße übergossen.

SPEISEN MIT MIGRATIONSHINTERGRUND

Die Geschichte des Baltikums ist die Geschichte fremder Herren, und die prägten natürlich auch die Küche der drei Ostseevölker. Aus Deutschland etwa stammt die Tradition der baltischen Kohlgerichte, auch den *Kartulisalaad,* wie die Esten ihren geliebten Kartoffelsalat nennen, brachten einst deutsche Hansekaufleute mit. Am kräftigsten schmeckt Russland durch, mit Blini, den hauchfeinen, herzhaft bis süß gefüllten Pfannkuchen aus Buchweizenteig oder den berühmten Piroggen. Der beliebteste gemeinsame Nenner der Balten ist die kalte Rote-Beete-Suppe mit Dill und Kefir oder Buttermilch. Ein absoluter Hit!

DER GARTEN ENTSCHEIDET

Auf dem Land und bei Familienfeiern wird baltische Hausmannskost serviert, zubereitet aus frischen Zutaten, wie sie der Garten und die Natur liefern: Gemüsesalate, Selbstgeräuchertes, Kräuterquark. Und alles hat seine

Baltischer Bodenschatz: Pilze

Saison. Der Frühling an der Küste: Heringszeit. Der Herbst liefert frische Pilze aus den tiefen Wäldern. Der Sommer lässt hier Erdbeeren reifen, die noch nach Erdbeeren duften und schmecken.

STIMMUNGSHEBER

Das Baltikum ist eine Bierregion. „Bier ist unser Champagner, jede Familie hat früher ihr Eigenes zu festlichen Anlässen gebraut, oft in der Dampfsauna," erklärt Aigars Ruņģis, dessen Valmiermuiža-Bier in allen drei Ländern beliebt ist. Derzeit entstehen wieder mehr Kleinbrauereien, allein in Lettland gibt es 50. Auch Tallinn und Vilnius sind Hotspots der neuen Craft Beer-Kultur. Die besten handwerklich arbeitenden Brauereien sind Malduguns, Labietis, Nurme in Lettland, Põhjala, Pühaste und Tanker in Estland sowie Sakiškių und Dundulis in Litauen. Was die großen Brauereien angeht, so könnt ihr mit den gängigen lettischen Marken eigentlich nichts falsch machen. Die sind meist nach Reinheitsgebot gebraut.

SATT ESSEN IM „CAFÉ"

Auf der Suche nach dem richtigen Lokal kommst du in allen drei Ländern am günstigsten und meist auch am leckersten weg, wenn du nicht ein „Restaurant" suchst, sondern ein „Café". Das heißt auf Litauisch *Kavinė,* auf Lettisch *Kafejnīca* und auf Estnisch *Kohvik* (ausgesprochen ungefähr Kochwik). Es sind nicht wirklich Cafés in unserem Sinn, sondern einfache, traditionelle Speisegaststätten.

Unsere Empfehlung heute

Vorspeisen

ŠALTIBARŠČIAI (LITAUEN)
Kalte Rote-Beete-Suppe mit Ei, Buttermilch und Sahne. In Lettland als *biešu aukstā zupa*

RŪKŠTYNĖS (LITAUEN)
Sauerampfersuppe, ein altes Nationalgericht

MULGI PUDER PEKIKASTMEGA (ESTLAND)
Südestnischer Kartoffelbrei mit Schinkensud

Hauptgerichte

PANKŪKAS (LETTLAND), BLYNAI, BLYNELIAI (LITAUEN)
Pfannkuchen mit allen möglichen Füllungen

CEPELINAI (LITAUEN)
zeppelinförmiger Kartoffelknödel, gekocht und mit Quark oder Fleisch gefüllt

MULGI KAPSAD (ESTLAND)
Geschmortes Schweinefleisch mit Sauerkraut

RASOLS (LETTLAND)
Kartoffelsalat mit Äpfeln, roter Beete und Mayonnaise

SUITSUKALA (ESTLAND)
Räucherfisch, meist Lachs oder Forelle, mit Salat- oder Krautbeilage plus Backkartoffeln, Salzkartoffeln oder hausgemachten Pommes

Desserts

BUBERTS (LETTLAND)
Cremiger, kalt servierter Weizenpudding

KRINGEL (ESTLAND/LETTLAND)
Süßes Mandelgebäck in Brezelform

ZAGARELIAI (LITAUEN)
Pasteten zum Dessert, evtl. mit einem Schuss Rum

Getränke

EESTI KALI (ESTLAND)
Kvas – alkoholfreies Erfrischungsgetränk aus Wasser, Roggenbrot, Hefe und Zucker; gibt's auch in Lettland und Litauen

KRUPNIKAS (LITAUEN)
Honiglikör mit Kümmel, Nelken und Ingwer

KEFIRS (LETTLAND)
das erfrischende Sauermilchgetränk ist als Softdrink besonders im Sommer beliebt und weit verbreitet

SHOPPEN & STÖBERN

SÜSS!

Berühmt waren die baltischen Länder zumindest unter Kennern eigentlich schon immer für ihre Schokoladen. Ob *Kalev* (Estland), *Rūta* (Litauen) oder die legendäre *Laima*-Schokolade (Lettland): All das sind süße Tipps, um nach dem Urlaub noch lange an das Baltikum zurückzudenken.

KRÄUTERLIKÖRE

Wenn es etwas echt Baltisches sein soll, wird es schon mal schnell hochprozentig – und würzig. Die Ostseevölker verstehen sich traditionell sehr gut auf die Herstellung kräftiger, aromatischer Kräuterliköre. Legendär ist Rīgas *Schwarzer Balsam* – in geringen Dosen durchaus ein gesundes Elixier. Auch in Litauen gibt es diesen abgründig dunklen Kräuterschnaps, hier unter der Bezeichnung *Balzamas*. Eine Institution estnischer Spirituosen ist der *Vana Tallinn*. Niemand kann oder will einem so recht sagen, woraus der süße Likör eigentlich besteht, fest steht nur: Er hat's in sich und schmeckt so nachhaltig gut, dass schon die Zaren dafür ihren Wodka stehen ließen.

ZAPFHÄHNE AUF!

So blöd es vielleicht klingt, Bier aus Nordosteuropa nach Deutschland, Österreich oder in die Schweiz mitzubringen: Es macht wirklich Spaß. Besonders die Letten haben eigentlich fast nur gute Biersorten. Eine der edleren Marken, auch in vielen Supermärkten zu finden, ist *Valmiermuiža* aus dem Gauja-Nationalpark. Und in der Brauerei von *Užavas* mit Fabrikverkauf direkt an der Küstenstraße Westlettlands bei Ventspils erstehst du das köstliche, hauseigene Bier, ob hell oder schwarz, sogar in Literflaschen mit Plopp-Verschluss. Das ist alles kein Zufall, denn in grauer Vorzeit

INSIDER-TIPP
Für den großen Durst

Spezielles für Leib und Magen: Bernstein aus Vilnius (li.), Schwarzer Balsam aus Rīga (re.)

brachten eben Einwanderer aus deutschen Landen die Bierkultur ins Baltikum. Auch Litauen und Estland haben inzwischen aufgeholt, vor allem kleine Brauereien mit ihrem *craft beer.*

WO OBST NOCH OBST SEIN DARF

Fast allerorten im Baltikum gehören sie noch zum Stadtbild: die traditionellen Bauernmärkte. Alles ist frisch, vieles ist bio – und die Äpfel dürfen noch schrumpelig aussehen. Obst und Gemüse findest du hier massenhaft, besonders im Herbst auch eimerweise Pilze. Eine Klasse für sich in dieser ursprünglichen Welt des Gebens und Nehmens, Verhandelns und Plauderns ist der Zentralmarkt in Rīga. Den größten und ältesten Markt Nordeuropas zu erleben ist ein Muss jeder Baltikumreise.

SCHMUCK FÜR HUNDE

In Litauen führt selbstverständlich kaum ein Weg am „Gold der Ostsee" vorbei. Die Bernsteinmeister sind hierzulande wirkliche Könner ihres Fachs. Angeboten wird Bernstein in Litauen in so gut wie jedem Laden, die größte und schönste Auswahl findet sich an der Küste, bei den Juwelieren der *Bernsteingilde von Palanga*, vor allem in Nida auf der Kurischen Nehrung. Es gibt Ketten, Uhren, Broschen, Ringe, Amulette und tausend andere schöne Dinge aus und mit Bernstein. Aber wusstest du schon, dass mit Bernstein versehene Halsbänder deinen Vierbeiner ganz natürlich vor Zecken schützen?

BACK IN BLACK

Handwerkskunst gibt es in allen drei Ländern mehr als reichlich: Strickereien, Stickereien und Webereien. Richtig toll sind aber die Schätze aus den Töpfereien, in Ostlettland zum Beispiel ist die Keramik teilweise ganz in schwarz und in Erdtönen gehalten.

SPORT

Im Baltikum kannst du: angeln, reiten, segeln, surfen, in Kletterparks herumturnen, Ski oder Schlittschuh laufen und in der Sauna schwitzen. Mit einem Wort: Du kannst alles! Wer Naturlandschaften am liebsten erwandert, erradelt oder erpaddelt, findet an sehr vielen Orten in allen drei Ländern sein ganz persönliches Paradies.

FISCHEN

Angeln ist Volkssport im Baltikum – kein Wunder bei dem Reichtum an Flüssen, Seen und tausenden Kilometern Ostseeküste. Angelscheine gibt's u.a. in Läden und Touristeninfos. Angel-Hotspots in Estland sind die Nationalparks *Soomaa (soomaa.ee)* und *Lahemaa (lahemaa.ee)*. In Lettland liegen fischreiche Seen westlich von Rīga, etwa rings um *Dobele;* ein einziges Paradies für Angler ist die stille, touristisch kaum erschlossene *Latgale-Seenplatte* ganz im Osten. Eingeschränkt ist das Angeln in Naturschutzgebieten *(lvm.lv)*. Litauens Angelhochburgen sind das *Kurische Haff* und der *Aukštaitija-Nationalpark,* auch der *Nemunas* gilt als fischreich. Im Winter ist Eisangeln sehr verbreitet, erfordert aber viel Geduld und Wetterfestigkeit. *lithuanianfishing.com.*

KAJAK, KANU & RUDERN

Das Baltikum hat Wassersportreviere für jeden Geschmack und Anspruch – vom stillen Tretbootsee bis zum Wildwasserfluss für rasante Kajaktrails. Allein die litauischen Regionalparks bieten auf ihren Seen und Flüssen 3000 km ausgezeichnete Kanutouren, in Lettland sind es nicht viel weniger. Mit Abstand schönstes Revier hier: der *Gauja-Nationalpark*. Die Gauja ist auch für weniger geübte Paddler geeignet, sportlicher geht's auf ihrem Nebenfluss, der stromschnellenreichen Ama-

Mit das Beste am Baltikum: Kanu- und Kajaktouren auf den zahllosen Flüssen und Seen

ta zu *(makars.lv)*. Lustig ist auch die Strecke auf der kleinen Irbe nahe der nordwestlettischen Küste. In einer Geisterstadt mit riesigen Radioteleskopen geht's los und bei der Mündung in die Ostsee, durch wunderschöne Sanddünen; nach ca. 40 km ist es vorbei *(dabalava.lv)*.

INSIDER-TIPP
Wo Paddelträume wahr werden

Estlands Paddel-Dorado ist das Flüsschen *Ahja* bei Tartu südwestlich des Peipus-Sees – ein sehr wechselhaftes Revier: erst gemächlich, dann reißend *(z. B. veetee.ee)*. In Litauen kannst du einen ganzen Wasserwander-Urlaub mit dem Kanu verbringen. Allein der *Nemunas-Strom* fließt von der weißrussischen Grenze bis zur Mündung in das Kurische Haff 460 km quer durchs Land. Ein Traumrevier finden Paddelverrückte in der Seenplatte des *Aukštaitija-Nationalparks* mit vielen tollen Trails bis 150 km Länge (*valtine.lt*). Die Top 3 der 20 Kanuflüsse Litauens: *Neris* (235 km), *Merkys* (182 km) und die sanfte *Minija* (180 km).

RAD FAHREN

Mit seinen sanft welligen Naturlandschaften ist das Baltikum wie geschaffen für Radtouren. Es gibt immer mehr ausgewiesene Routen, etwa den *Euro-Velo 10* entlang der Küste. In den Großstädten gibt es oft schon gute Radwege. Haarig wird's nur auf den Schotterpisten, besonders in Lettland. Allgemeine Infos unter *bicycle.lv* und *biroto.eu*. Karten bieten *velokarte.divritenis.lv* und *cycling.waymarkedtrails.org*.

Durch Litauen führen zwei *Euro-Velo-Strecken*. Die Route 11 verläuft durch den waldreichen Süden über Vilnius in den Aukštaitija-Nationalpark, die Nr. 10 beginnt in *Nida* auf der Kurischen Nehrung und führt an der Küste in Richtung Palanga und weiter nach Lettland. Detaillierte Radfahrerinfos, auch für länderübergreifende Touren, gibt es unter *velovilnius.lt/balticcycle/routes* mit Routentipps, Radwanderkarten und Kontakt zu Tourenanbietern. In Tallinn bietet *Citybike (citybike.ee)* geführte Stadtradtouren und Leihräder an. Großartiges Revier für Mountainbiker ist der Gauja-Nationalpark. Die *Enter Gauja*-App listet die schönsten Touren mit Karten. Sonst gibt es in Sigulda e-Fatbikes *(19 Euro/Std., 29 Euro/3 Std. | smartbike.rent)* zu mieten. *Riga Bike Rent (rigabikerent.com)* organisiert Selbstfahrertouren mit Unterkunft.

REITEN

Die baltische Natur mit den langen öffentlichen Stränden und viel unbebauter Landschaft sind perfekt geeignet zum Reiten. Touren werden meist auf Stundenbasis angeboten. Mehrtägige Ausritte organisiert etwa *klajumi.lv* in Lettgallen.

Ausritte nahe Palanga bietet der Reiterhof *Zigmo Žirgai (zigmozirgai.lt)*. In Lettland gibt es besonders viele Reiterhöfe. Kaum zu toppen sind Ausritte am Strand, etwa mit *Saules Zirgi (saulesszirgi.lv)* im Hafenstädtchen Zvejniekciems nordlich von Rīga. In Estland bei Pärnu: *Sassi Reiterfarm | Dorf Kabriste bei Audru | sassitalu.com*

SEGELN

Klassische Segler finden ihre wunderschönen Reviere ohne jedes Problem: Wie wär's denn, ein wenig zwischen den estnischen Inseln Saaremaa und Hiiumaa herumzuschippern? Im *Lõunaranna Harbour Camping (lounaranna.ee)* auf der kleinen, Saaremaa vorgelagerten Insel Muhu lässt es sich nicht nur schön übernachten, sondern auch im Yacht- und Segelhafen an-

Erst mal Freundschaft schließen, bevor es zu Pferd durch herrliche baltische Landschaften geht

kern. Und die Kurische Nehrung – plus Memeldelta – ist natürlich auch für Segler ein Traum. Bootsmiete und vieles mehr unter *laivo-nuoma.lt*

SUP

Es gibt Hunderte wunderschöner Seen – nicht nur in den Nationalparks der drei Länder. Die ruhige Wasseroberfläche ist perfekt, um einmal ganz risikofrei das Stand-Up-Paddling zu probieren. Und für Fortgeschrittene gibt es Tausende Kilometer Ostseeküste! In Tallinn bietet z. B. *Aerusurf (Facebook: aerusurf)* das komplette Paket von Verleih und Verkauf bis hin zu Training und Ausflügen.

KITESURFEN

Kitesurfing: Der international meist „kiteboarding" genannte Sport wird immer beliebter. Kein Wunder, denn es steckt eine ganze Menge mit drin: Wakeboarden, Snowboarden, Windsurfen, Paragliding, Skateboarden und Segeln. Die drei baltischen Länder sind gesegnet mit richtig viel Meeresküste, deswegen wäre es eine Sünde, hier den Kite am Nagel hängen zu lassen. Das absolute Zentrum fürs Kitesurfen liegt jeden Sommer südlich von Klaipėda im Kurischen Haff *(Curonian Lagoon)*. Ausrüstung gibt's z. B. im *Life is Life Kite School & Shop (kaitumokykla.lt)*. Aber auch Estland hat schöne Spots mit Zentren in Pärnu, Tallinn und Kuressaare. In Lettland ist die gesamte Küste geeignet.

WANDERN

Die schönsten Wanderrouten führen durch die zahlreichen Nationalparks der drei baltischen Länder. So geht es im estnischen *Soomaa*-Nationalpark *(visit sooma.com)* über kilometerlange Holzstege durch einzigartige Hochmoore. In der Regel gibt es ein paar Zufahrtsstraßen und ansonsten einfach nur himmlische Ruhe. Eine tolle Website, nicht nur, aber eben auch mit vielen Wanderwegen, hat die estnische Forstverwaltung unter *loodusegakoos.ee*. Lange Strandspaziergänge, etwa an der lettischen Westküste, können auch zu richtigen Wanderungen ausarten, z. B. rund um die Landspitze *Kap Kolka*. Himmlische Bedingungen zum Wandern bietet auch die Kurische Nehrung mit ihren Dutzenden Kilometern an Rad- und Gehwegen fernab der Straße, mit Aussichtsdünen und Traumstränden unterwegs. Der Europäische Fernwanderweg E9 aus Portugal führt an den Küsten von Lettland und Estland entlang, wo er schließlich endet.

WINTERSPORT

22 Skiresorts hat das flache Baltikum. Im litauischen *Druskininkai (ab 41 Euro/Tag Ski und Ausrüstung | snow arena.lt)* hat die (Hallen-)Abfahrt ganzjährig geöffnet. Beliebt ist auch *Rieks-tu kalns (ab 25 Euro/2 Std. für Skipass und Ausrüstung | 30 km von Rīga | riekstukalns.lv)* bei Baldone. Langlaufen ist Volkssport. Bevorzugt im nächstgelegenen Wald oder am Strand, urban im *Rīgaer Uzvaras Park* und am Tallinner *Sängerfeststadion*. Schlittschuh gelaufen wird auf jedem zugefrorenen See und Fluss, unvergesslich ist es auf der eisigen Ostsee. Bei holprigem Eis sind allerdings Tretschlitten besser geeignet.

DIE REGIONEN IM ÜBERBLICK

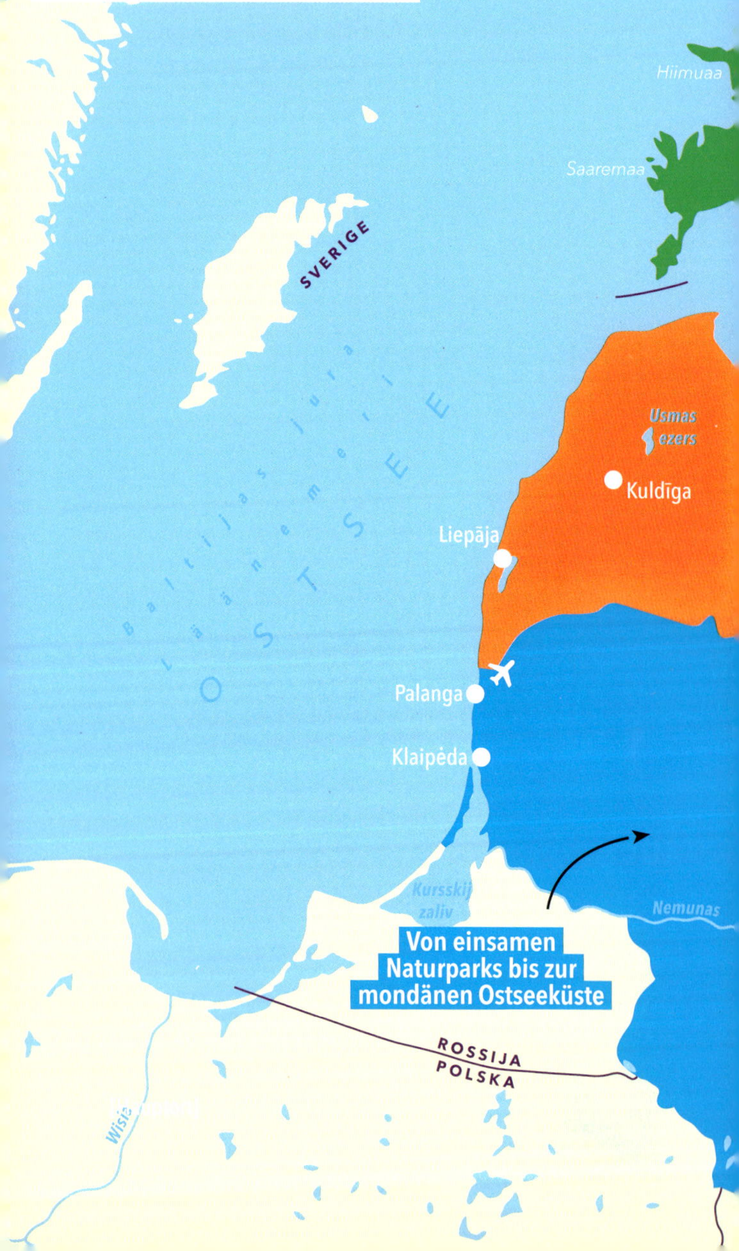

Suomenlahti
Soomelaht
SUOMI
TALLINN
Narva
Narva
ESTLAND S. 96
Pärnu
Peipsi järv
Cudskoe ozero
Tartu
Võrtsjärv
Liivi laht
Verträumte Buchten, herrliche Inseln und stilvolle Städte
Rigas juras licis
Cēsis
Burgen, Schlösser, Herrenhäuser, Rīga und Strand, Strand, Strand
RĪGA
LETTLAND S. 70
Daugava
Lubans
Daugavpils
ROSSIJA
BELARUS'
LITAUEN S. 42
Kaunas
VILNIUS
50 km
31.07 mi

LITAUEN

VON WALDEINSAMKEIT BIS KÜSTENGLÜCK

Die landschaftliche Vielfalt Litauens ist umwerfend: Im Nordosten die Aukštaitija-Seenplatte, im Süden mineralische Heilquellen. Mehr als 750 Flüsse zählt das kleine Land, das zu einem Drittel bewaldet ist. Die Küste misst zwar nur 99 km, birgt dafür eine der berühmtesten Ostseelandschaften überhaupt: die Kurische Nehrung. Und ein paar tolle Städte gibt's ja auch!

Die größte der drei Ostseerepubliken, etwa so groß wie Bayern und von 2,8 Mio. Menschen bewohnt, unterscheidet sich in manchem von ihren

So schmal, so schön: Dünenlandschaft auf der Kurischen Nehrung

Nachbarn. Litauer sind katholisch. Gelebte Religiosität ist hier selbstverständlich. Kirchen, oft weiß und mit markantem Doppelturm, prägen überall die Städte und Dörfer. Vielerorts säumen Kruzifixe und Marienstöcke Straßen und Wege. Doch typisch für die Litauer ist auch ihre starke Naturverehrung. Der Wald ist Litauens großer Mythos, die Naturliebe wurzelt im alten Heidentum, das die Litauer bis ins 14. Jh. verteidigten. Heute erzählen sie gern, dass sie die letzten Heiden Europas gewesen seien. Und feiern die Sommersonnenwende ausgiebig.

MARCO POLO HIGHLIGHTS

★ BERG DER KREUZE
Keiner kann zählen, wie viele Kreuze, Heiligenfiguren und Bittschriften hier eingesteckt sind. ➤ S. 64

★ KURISCHE NEHRUNG
Nur Wasser, Sand, riesige Dünen, wenig Verkehr und endlose Radwege ➤ S. 64

★ ALTSTADT VILNIUS
Bis in die Nacht ist es in den Gässchen in einem der hunderten Lokale so richtig gemütlich. ➤ S. 46

★ TOR DER MORGENRÖTE
Katholische Pilger aus ganz Osteuropa verehren das Bild Marias in der Vilniuser Kapelle auf dem Tor ➤ S. 46

★ AUKŠTAITIJA-NATIONALPARK
Naturparadies mit vielen Seen und undurchdringlichen Wäldern ➤ S. 54

★ TRAKAI
Die wohl schönste Burg des Baltikums, herrlich auf einem Inselchen gelegen ➤ S. 53

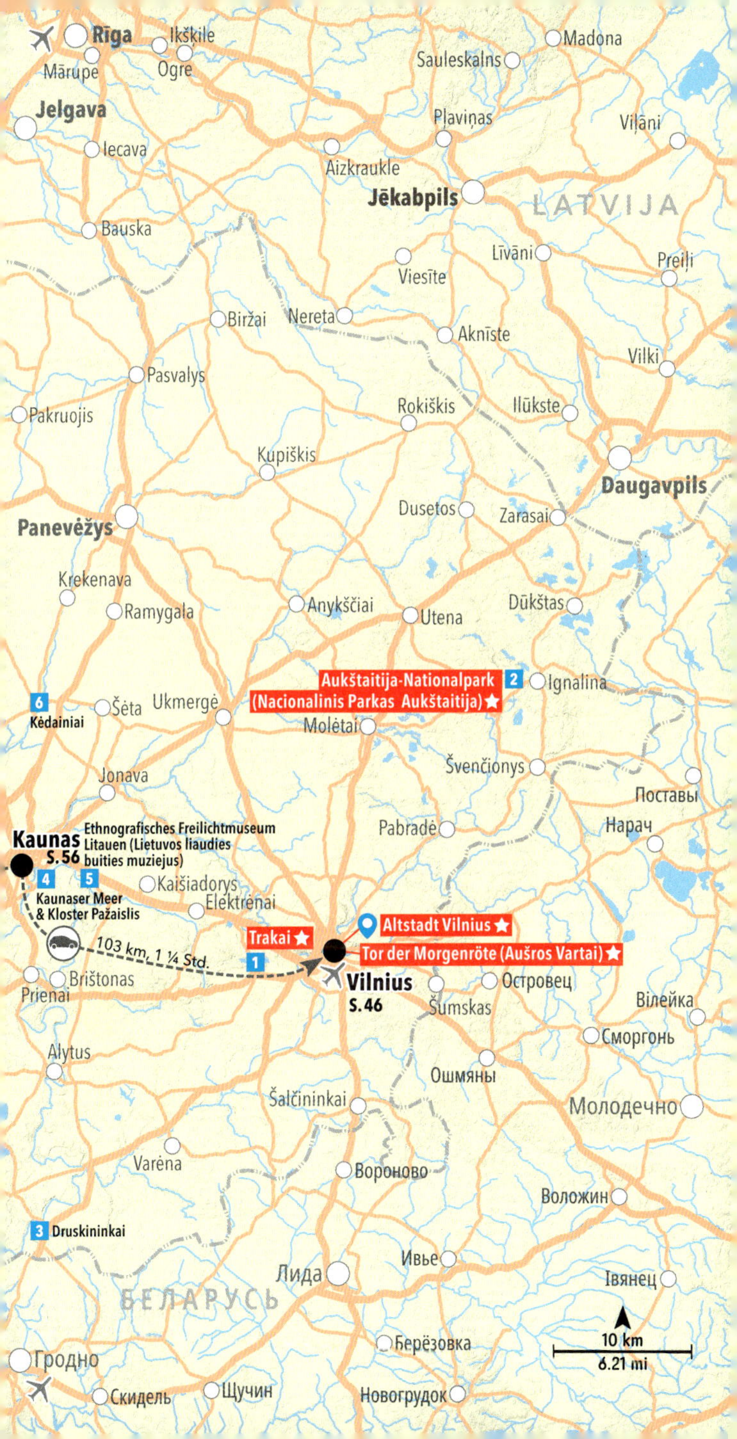

Rīga
Ikšķile
Mārupe
Ogre
Madona
Sauleskalns
Jelgava
Pļaviņas
Viļāni
Iecava
Aizkraukle
Jēkabpils
LATVIJA
Bauska
Līvāni
Preiļi
Viesīte
Biržai
Nereta
Aknīste
Vilki
Pasvalys
Pakruojis
Rokiškis
Ilūkste
Kupiškis
Daugavpils
Dusetos
Zarasai
Panevėžys
Krekenava
Anykščiai
Dūkštas
Ramygala
Utena
Aukštaitija-Nationalpark (Nacionalinis Parkas Aukštaitija)
2
Ignalina
6
Kėdainiai
Šeta
Ukmergė
Molėtai
Švenčionys
Jonava
Поставы
Нарач
Pabradė
Kaunas S. 56
Ethnografisches Freilichtmuseum Litauen (Lietuvos liaudies buities muziejus)
4
5
Kaišiadorys
Elektrėnai
Kaunaser Meer & Kloster Pažaislis
Altstadt Vilnius
Trakai
Tor der Morgenröte (Aušros Vartai)
103 km, 1 ¼ Std.
1
Vilnius S. 46
Островец
Brištonas
Prienai
Šumskas
Вілейка
Сморгонь
Alytus
Ошмяны
Šalčininkai
Молодечно
Varėna
Вороново
Воложин
3 Druskininkai
Ивье
Лида
Івянец
БЕЛАРУСЬ
10 km
6.21 mi
Берёзовка
Гродно
Скидель
Щучин
Новогрудок

VILNIUS

(◫ H15–16) **An Sommertagen scheint Vilnius Rom oder Bari näher zu sein als Rīga. Rauschender Barock und Boheme-Charme prägen den besonderen Charakter der litauischen Hauptstadt mit über einer halben Million Einwohnern – zumindest im Stadtzentrum.**

In Nordosteuropas größter ★ Altstadt drängen sich prachtvoll restaurierte Bürger- wie Kaufmannshäuser und nicht weniger als 50 Kirchen umeinander. Alles scheint hier Geschichte zu atmen: die einstigen Klöster mit ihren verwinkelten Innenhöfen, die Universität, älteste des Baltikums und eine Stadt in der Stadt, der Großfürstenpalast am Kathedralenplatz, wiederaufgebaut zur 1000-Jahr-Feier Litauens. Zugleich wachsen Hochhäuser aus Glas und Stahl in die Skyline, etwa der fast 130 m hohe *Europos-Turm*. Und Stararchitekt Daniel Libeskind bereicherte das Stadtbild jetzt mit dem schicken Museum für Moderne Kunst, kurz Mo genannt.

Für die osteuropäischen Juden war *Vilne* jahrhundertelang ein geistiges Zentrum. Toleranz prägte den Geist dieser Stadt, und das heutige Vilnius bemüht sich, daran anzuknüpfen. Die lebhafteste und wichtigste Straße der Altstadt ist die *Pilies gatvė* mit vielen Kneipen, Restaurants und Cafés.

WOHIN ZUERST?

Kathedralenplatz: Vilnius' beliebtester Treffpunkt bietet sich als Start für den Stadtbummel zu Fuß an. Autofahrer parken ihren Wagen am besten irgendwo sicher während des Aufenthalts. In Vilnius' Zentrum braucht man keinen Wagen. Gebührenpflichtige Parkplätze gibt es z. B. längs der *B. Radvilaitės gatvė* südöstlich des Platzes, Parkhäuser am *Gediminas-Prospekt 9 a* und in der *Tilto gatve 14*. Vom Hauptbahnhof fahren viele Buslinien *(z. B. 10, 11, 33)* am Kathedralenplatz vorbei, Haltestelle *Arkikatedra*.

SIGHTSEEING

TOR DER MORGENRÖTE (AUŠROS VARTAI) ★

Das um 1520 erbaute Aušros-Tor ist das einzige noch erhaltene (von früher neun) in der alten Stadtmauer. Nebenan in der klassizistischen Torkapelle knien Tag für Tag Tausende Gläubige vor der Barmherzigen Muttergottes nieder und beten. Die in Gold, Silber und Edelsteine gefasste *Schwarze Madonna*, stammt angeblich von der Krim, gilt als wundertätig und ist ein Wallfahrtsort für Katholiken aus ganz Osteuropa.

Auf der *Aušros vartu* mit ihren schönen gotischen und barocken Bürgerhäusern führt der Weg vom Tor aus in die südliche Altstadt und am Basiliuskloster und der Philharmonie vorbei. Die prächtige byzantinische *Heiliggeistkirche (Šv. Dvasios cerkvė)* gleich zu Beginn rechts stammt aus einer Zeit, als in diesem Stadtteil vor allem russische Kaufleute lebten. Heute

Gibt es Wunder? Es heißt, die Schwarze Madonna im Tor der Morgenröte versteht sich darauf

kannst du hier während der Gottesdienste entrückten Chorgesängen lauschen *(tgl. ab 17 Uhr, Frauen sollten ein Kopftuch tragen!). Links vor dem Tor liegt der Eingang, der zur Kapelle hinaufführt | Aušros vartų g.*

ZENTRUM FÜR ZEITGENÖSSISCHE KUNST (ŠIUOLAIKINIO MENO CENTRAS)

Wechselnde Ausstellungen internationaler Künstler. Das größte Zentrum dieser Art im Baltikum. Das Café im Parterre ist ein beliebter Treff der Kunstszene. *Di–So 11–19 Uhr | Vokiečių g. 2 | cac.lt*

MUSEUM DER JÜDISCHEN GESCHICHTE (VILNIAUS GAONO ŽYDŲ ISTORIJOS MUZIEJUS)

Sechs Jahrhunderte blühte das jüdische Leben in Vilne, das man auch das „Jerusalem des Nordens" nannte. Vier Jahre brauchten die Nazis, um diese Kultur auszulöschen. Die erschütternde Ausstellung in dem grünen Holzhaus bewahrt das Gedächtnis an die Litvak-Kultur und an Vilnius als Zentrum der jüdischen Aufklärung. Sie zeigt den Ghettoalltag und den Holocaust und informiert über Neuanfänge sowie die Restaurierung eines Teils des jüdischen Viertels. *Mo–Do 9–17, Fr, So 10–16 Uhr | Führungen auch auf Deutsch | Naugarduko g. 10/2 | jmuseum.lt*

Eine *Filiale des Museums* liegt im jüdischen Gemeindezentrum in der *Pylimo 4*. Ganz in der Nähe davon steht die einzige erhaltene Synagoge (von früher einmal 96!), gebaut im Jahr 1894. Heute feiert die jüdische Gemeinde hier wieder Gottesdienste. *Pylimo g. 39*

MO MUSEUM (MODERNAUS MENO MUZIEJUS)

Wie eine Designerlampe auf dem Trödelmarkt sitzt der wuchtige weiße Museumskubus inmitten zweistöckiger klassizistischer Wohnhäuser. Spektakulär ist die stufenartige, begrünte Dachterrasse auf der Rückseite. Spendiert haben das offen und licht gestaltete neue Museum für die moderne Kunst Litauens die Biotechunternehmer Viktoras Butkus and Danguole Butkiene, für die Gestaltung heuerten sie den Architektenstar Daniel Libeskind an. Fast 4500 Kunstwerke sind zu sehen, vom Gemälde bis zur Videoinstallation. *Sa–Mo, Mi/Do 10–20, Fr 10–22 | 9 Euro | Literatų g. 8 | mo.lt*

Schon vor der Eröffnung des Hauses haben die Mo-Macher ein kostenloses Kunstprojekt direkt vor der Tür des neuen Museums initiiert: *Sprechende Statuen (Vilniaus Kalbančios Skulptūros)*. 16 Skulpturen erzähen dir etwas, wenn du dein Handy über den *tag* an der Statue ziehst. Frank Zappa singt seine Story sogar. Naja, was man bei ihm so singen nennt ... Texte und Stimmen stammen von prominenten litauischen Autoren und Schauspielern.

GOTISCHES ENSEMBLE (SV. ONOS IR BERNADINŲ BAŽNYČIA)

Mitten aus dem rauschenden Barock, der Vilnius prägt, leuchtet ziegelrot eine Perle der Backsteingotik: Die anmutige, aus 33 Ziegelarten erschaffene *Annakirche*. Gegen die filigran verspielte Symmetrie ihres Westgiebels wirkt die 1519 erbaute *Bernhardinerkirche* nebenan schlicht und schwer. Zusammen bilden die ungleichen Ge-

Erinnert eher an einen griechischen Tempel als an eine Kirche: die Kathedrale St. Stanislaus

schwister das berühmte Gotische Ensemble. *Annakirche | Mo–Sa 10–15, So 8–13 Uhr | Maironio g. 8*
Gleich hinter dem Gotischen Ensemble schmiegt sich der *Sereikiškės-Park* in die Flussschleife der Vilnia. Die ehemaligen Klostergärten, älteste Parkanlage der Stadt, sind herrlich für eine Pause von der vielen Baukunst.

REPUBLIK UŽUPIS

Die Bewohner der Künstlerrepublik jenseits der fünf Vilnia-Brücken leben bewusst und reichlich satirisch einen Gegenentwurf zu Zeitgeist und Konsumwahn und riefen dafür 1997 in einem heruntergekommenen Viertel die Unabhängige *Res Publika Užupis* aus. Weltweit haben die kreativ-idealistischen Užupianer mehr als 200 Botschafter, unter ihnen der Dalai Lama, der die Republik 2001 besuchte und zum Ehrenbürger ernannt wurde. In der Galeriekneipe *Užupio Kavinė (Užupio g. 2 | Tel. 5 2 12 21 38 | uzupiokavine.com | €€)* gleich hinter der Brücke – sie ist der „Regierungssitz" der Republik – erfährst du mehr über die Philosophie von Užupis, ihre Feiertage und eine Verfassung, die aber auch gut sichtbar an den Eingängen zur Republik angeschlagen ist.

UNIVERSITÄT (UNIVERSITETAS)

Eine Stadt in der Stadt. Der palastartige Gebäudekomplex der „Alma Mater Vilnensis", 1579 aus einem Jesuitenkolleg hervorgegangen und älteste Hochschule des Baltikums, ist so oft erweitert worden, dass er zwölf (!) Innenhöfe umschließt. Besonders schön ist der *Große Hof* mit seinen Arkadengängen, gerahmt von der spätbarocken *Johanniskirche*. Ihr freistehender *Glockenturm* ist der höchste der Altstadt (68 m). Die einstige Universitätskirche ist heute *Wissenschaftsmuseum (Mo–Sa 10–17 Uhr)*. Sehenswert sind die beiden prachtvoll ausgestalteten *Lesesäle* der Unibibliothek, deren Bestand aus 5 Mio. Bänden, 180 000 mittelalterlichen Handschriften und über tausend historischen Atlanten zu den wertvollsten Europas gehört. Um die Bibliothek zu besichtigen, meld dich einfach im *Littera*-Buchladen gleich vorn im Bibliothekshof. Dort gibt es auch ein kostenloses Faltblatt über die Uni. *Mo–Sa 8–17 Uhr | Universiteto g. 3 | Tel. 5 268 72 98 | vu.lt*

KATHEDRALENPLATZ (ARKIKATEDROS AIKŠTĖ)

Mit ihren schneeweißen dorischen Säulen und den Heiligenskulpturen auf dem Säulenportikus erinnert die erzbischöfliche Kathedrale *St. Stanislaus (Arkikatedra bazilika)* eher an einen griechischen Tempel, 1783 im Stil des Klassizismus gebaut. Innen birgt sie einen schönen Barockaltar und Gemälde, am berühmtesten aber ist die *Kasimir-Kapelle,* in der Litauens Nationalheiliger begraben liegt. Der 57 m hohe, freistehende Glockenturm erinnert im Sockel noch an die Untere Burg, Keimzelle von Vilnius.
Auch der Glockenturm der Kathedrale ist öffentlich zugänglich. An dieser Stelle ließ König Mindaugas 1251 die erste Kirche Litauens bauen. Um sie herum wuchs die Burg. Das Herzstück dieser im 18. Jh. geschleiften Anlage, der

Acht Ecken hat der Gediminas-Turm und bietet von jeder einen neuen Traumblick auf Vilnius

prachtvolle *Großfürstenpalast (Valdovu rumai | Di–Fr 11–18, Sa/So 11–16 Uhr | valdovurumai.lt)*, wurde in acht Jahren Stein für Stein nach historischem Vorbild wieder aufgebaut. Man kann ihn besichtigen. Im Innenhof sind unter Glas die imposanten Reste historischer Mauern zu bestaunen – ein Blick hinab in litauische Frühgeschichte. *1–2 h*

BURGBERG (GEDIMINO KALNAS)

Den Aufstieg lohnt schon allein der Blick, der sich von dem 140 m hohen Hügel und noch besser vom wuchtigen achteckigen *Gediminas-Turm (Gedimino bokštas)* auf die Altstadt bietet. Drinnen erinnert ein *Museum (Di–So 11–17 Uhr | Arsenalo 5 | lnm.lt)* an die Obere Burg, die hier einmal thronte.

INSIDER-TIPP
Lieber schweben

Schon fußmüde? Dann gibt es vom Hof des *Alten Arsenals (Arsenalo 3)* aus auch eine kleine Seilbahn zum Burgberg hinauf.

GEDIMINO PROSPEKTAS

Schnurgerade führt die belebte Magistrale des modernen Business-Vilnius vom Kathedralenplatz fast 2 km bis zum *Parlament (Seimas)* am *Nepriklausomybės aikštė*, dem *Unabhängigkeitsplatz*, wo noch Reste der Barrikaden an den Freiheitskampf von 1991 erinnern. Unterwegs kommst du am *Schauspielhaus* mit der ausdrucksstarken Skulptur „Fest der drei Musen" vorbei und überquerst die Vilniaus am *Savivaldybės aikštė*, dem wohl belebtesten Platz der Innenstadt mit neuem Rathaus und dem Regierungspalast.

KGB-MUSEUM (GENOCIDO AUKŲ MUZIEJUS)

Angenehm geht anders, und beschönigt wird hier nichts, aber gerade deswegen empfinden sehr viele Besucher dieses Museum als besonders berührend: Die Zentrale des sowjetischen Geheimdiensts KGB ist heute ein Museum für die Opfer des Völkermords,

deren Schicksale sehr eindrücklich geschildert werden. Englischsprachige Führungen. *Di–So 10–17 Uhr | Aukų g. 2 a, am Gediminas-Prospekt | Tel. 5 4 96 2 64 | genocid.lt | 1–2 h*

PETER- UND PAULSKIRCHE (ŠV. PETRO IR POVILO BAŽNYČIA)

Fürsten, Bettler, Kinder, Greise, Tod und Teufel: 2000 Stuckfiguren schauen von Wänden, Bögen und Kuppel auf den Betrachter herab. Und nicht ein Gesicht, nicht eine Pose, nicht ein einziges Motiv wiederholt sich! 20 Jahre brauchten die italienischen Meister für dieses schönste Werk des litauischen Hochbarock. *Tgl. 7–12 und 14–19 Uhr | Antakalnio g. 1*

ESSEN & TRINKEN

AMANDUS

Mitten in der Hauptstraße der Altstadt kann man und sollte man diesen kulinarischen Höhepunkt auf keinen Fall verpassen. Der Hit ist das Degustationsmenü: von vielem etwas mit hervorragender Weinauswahl zu jedem Gang. *Pilies g. 34 | Tel. 6 754 11 91 | amandus.lt | €€–€€€*

CAFÉ DE PARIS

Leichte Croissants und Café au lait für alle, die von Cepelinai in Specksoße vorerst genug haben. Auch gutes Frühstück. *Didžioji g. 1 | Tel. 5 2 61 10 21 | €€*

AMATININKŲ UŽEIGA

In der urigen „Handwerkerschenke" kommt auf den Tisch, wonach die Kneipe aussieht: authentische litauische Kost in großen Portionen. Im Sommer schöne Terrasse mit Blick auf den Rathausplatz. *Didžioji g. 19 | Tel. 5 2 61 79 68 | amatininkai.lt/en | €–€€*

LOKYS

Wer deftig-rustikale Kost aus Litauens tiefen Wäldern probieren will, ist hier goldrichtig. Opulente Portionen. Das Lokys (übersetzt: Bär) zählt zu ältesten Lokalen von Vilnius. In seinem gotischen Gewölbekeller wurde schon im 16. Jh. getafelt. *Stiklių g. 8 | Tel. 5 2 62 90 46 | lokys.lt | €€*

SENOJI TROBELE

Ein bisschen außerhalb der Altstadt, doch der Weg lohnt sich. Große Speisekarte voller traditionell-litauischer Spezialitäten aus allen Landesteilen: Lammkeule, geräucherte Schweineohren, natürlich gibt's die berühmten Cepelinai. Hausgebackenes Brot, süffiger Met aus eigener Produktion.

Naugarduko g. 36 | Tel. 609 9 90 02 | senojitrobele.lt | €€

VALGOMASIS

Kein Schild, keine Werbung, abgelegen, untrendy und abends zu. Und trotzdem immer rappelvoll. Das schmale, helle Mittagsrestaurant beim Blumenmarkt ist Kult. Einfach leckeres Wohlfühlessen, frisch zubereitet und günstig. *Muitinės g. 43, Zugang über J. Basanavičiaus g. 44 | Tel. 610 921 24 | valgomasis.lt | €*

SHOPPEN

Die Shoppingmeilen des modernen Vilnius sind der *Gediminas-Prospekt* (Modeläden, teure Boutiquen und stylishe Malls wie das *GO 9* mit Shops und Gastronomie), die *Vilniaus* und die *Basanavičiaus* (24-Stunden-Blumenmarkt).

EINKAUFSZENTREN & MÄRKTE

An der Spitze der litauischen Megamarktwirtschaft stehen Einkaufszentren amerikanischer Dimension, allen voran das *Akropolis (tgl. 8–24 Uhr | Ozo g. 25 | akropolis.lt)* mit über hundert Läden, Kinos, Vergnügungspark und Eisbahn. Supermodern kleidet sich auch das *Europos Centras (tgl. 10–13 Uhr | Konstitutijos prosp. 7 | europa.lt)* mit internationalen Mainstream-Modelabels, diversen Boutiquen und guten Restaurants unter einem riesigen Glasdach. Das Gegenstück zu den trendigen Shoppingtempeln ist der *Turgus* – der Wochenmarkt. Hier kauft und verkauft das einfache Volk, z. B. in der großen Markthalle des *Halės turgus (Di–Do 7–17 Uhr | Pylimo g. 58)* nahe dem *Aušros-Tor*. Sehr lebendig geht's zwischen Lebensmitteln, Blumen und Trödelkram auch auf

Moderne Einkaufspaläste unter Glas locken auch in Vilnius: GO 9 nennt sich dieser hier

dem *Kalvarijų-Markt (Di–Sa 9–17 Uhr | Kalvarijų 61)* zu.

SOUVENIRS, KUNSTHANDWERK & MEHR

Am besten in der südlichen Altstadt, z. B. bei *Sauluva (Pilies g. 36 u. Literatų g. 3 | sauluva.lt)* oder auf dem großen *Souvenirmarkt (Keramik, Bilder, Geschnitztes, Gewebtes usw. | tgl. 9–19 Uhr | Pilies 22)*, eine Institution in Vilnius' Altstadt. Schöne *Kunsthandwerksläden* (Leinen, Bernstein) gibt's auch in der *Aušros vartų* und *Didžioji gatvė*. Wer gern nach Antiquitäten sucht, findet in der *Dominikonų* interessante Läden, z. B. *Senasis Kuparas (Di–Sa 9–18 | Nr. 14)*. Eine Versuchung wert sind die selbstgemachten erlesenen Naschereien im *Schokoladen-Haus (Šokolado namai | Gedimino 46 | chocolade.lt)*. Ausgefallenes, noch nicht so touristisch verkitschtes Kunsthandwerk gibt's im Užupis-Viertel.

AUSGEHEN & FEIERN

NATIONALE PHILHARMONIE (NATIONALINĖ FILHARMONIJA)

Hier spielt eines der bedeutendsten Orchester des Landes. Außerdem treten Jazzmusiker und Gospelchöre auf. Auch Ballettaufführungen. *Aušros vartų 5 | Kartenvorverkauf Di–Sa 11–19, So 11–13 Uhr | Tel. 5 2 66 52 16 | filharmonija.lt*

ALAUS BIBLIOTEKA

In Sachen Pils & Co die Institution in Vilnius. Manche kehren hier vielleicht auch ein, um Bücher zu lesen, aber die meisten definitiv auf ein, nein, gewiss mehrere Bier. Man hat die Wahl zwischen über 300 (!) Sorten – immerhin in stilechtem Bibliotheksambiente. Wer öfter kommt, kann sich die diversen probierten Gerstensäfte auf einer Karteikarte quittieren lassen. Ist man einmal „durch", gibt's ein Buch geschenkt. Ein Bierbuch, klar. *Trakų g. 4 | beerlibrary.lt*

ŠPUNKA

Von der Aura der Gründungszeit Užupis' ist im Nachtleben des Szeneviertels nicht mehr überall etwas zu spüren. Das Špunka ist jedoch unverändert das Wohnzimmer des Quartiers. Hier lässt es sich wunderbar über ein paar lokalen Craft-Bieren über Gott und die Welt philosophieren. *Užupio g. 9*

RUND UM VILNIUS

1 TRAKAI ★

30 km/35 min von Vilnius (Auto)

Die Inselburg ist wahrscheinlich – nein, ziemlich sicher – die spektakulärste und schönste Burg des ganzen Baltikums. Jedenfalls ergibt sich das ganz klar aus der Anzahl der hier geschossenen Fotos. Das Städtchen (6000 Ew.) war einst Hauptstadt des litauischen Reiches. Malerisch gelegen, umgeben von vier miteinander verbundenen Seen, ist es heute ein sehr beliebtes Ausflugsziel – ganz besonders auch für Polen, die hier vieles aus ihrer Geschichte wiederfinden. Man läuft auf die Insel, kann das mächtige *Burggebäude (Mai–Sept. tgl. 10–19, Okt./Nov., März/April Di–So 10–18, Dez.–Feb. Di–So 9–17 Uhr | Okt.–März 8, April–Sept. 12 Euro | Karaimų 41 | trakai-visit.lt)* umrunden, hineingehen, durch die Innenräume schlendern – der Spaß nimmt einfach kein Ende. Was auch Spaß macht: Ein Bötchen mieten oder an einer kleinen Tour übers Wasser teilnehmen und das Bauwerk aus neuer Perspektive bestaunen.

In dieser Gegend leben noch einige Karaiter (Karaäer), Nachfahren einer strenggläubigen altjüdischen Sekte, der du im *Karaiter-Museum (April–Sept. Di–So 10–18, Okt.–März Di–So 13–18 Uhr | 3 Euro | Karaimų 22)* näher kommen kannst. Karaitische Spezialitäten kannst du hier versuchen: *Kybynlar (Karaimų 29 | kybynlar.lt | €).* *G–H16*

2 AUKŠTAITIJA-NATIONALPARK (NACIONALINIS PARKAS AUKŠTAITIJA) ★

120 km/1 h 40 min von Vilnius (Auto)

Der Nationalpark nordöstlich von Vilnius in Oberlitauen ist einer der einsamsten, schönsten und romantischsten. Litauer schätzen die Abgeschiedenheit des seen- und waldreichen Gebiets ganz am Rand der EU. Auf 300 km² ist der Park von Wander- und Radwegen durchzogen. Mit Booten erkundest du Wasserläufe und Seen, vielerorts gibt es Badestellen. Das *Infozentrum des Nationalparks (paluse.lt)* liegt im Dörfchen Palūše. Hier gibt's eine gute Karte des Reservats, seiner Wanderrouten und Campingplätze, das Center organisiert

Schön abgeschieden wanderst du im wald- und seenreichen Aukštaitija-Nationalpark

auch Touren und hält Infos rund um das Thema Wassersport bereit. Wer nicht mit dem Auto anreisen möchte: Täglich starten sieben Züge von Vilnius, Fahrzeit 2 h bis Ignalina, dann Taxi zum Örtchen Palūšė. Es gibt Aussichtstürme, Spazier- und Wanderwege, Mühlen, Seen und Teiche. Luft holen pur. J13–14

3 DRUSKININKAI

130 km/1 h 45 min von Vilnius (Auto)

Die Waldstadt (14 000 Ew.) am Nemunas im südlichen Zipfel Litauens gleicht einem großen Park mit Sanatorien, alten und vielen neu(reich)en Villen, mehreren Seen und einer Luft wie aus Samt. Das Klima und Mineralwasserquellen machen Druskininkai (*Druska* bedeutet Salz) seit über 200 Jahren zu einem bedeutenden Kurbad im Baltikum. Wer das „litauische Karlsbad" besucht, will sich erholen – oder gesund werden. So war es schon 1794, als der polnische König Druskininkai per Dekret zur Heilstätte erhob. Heute fällt hier vor allem an den Wochenenden die Business-Society aus Vilnius ein, um vom Stress des Jobs zu entspannen. In dem Behandlungszentrum *Gydykla (Vilniaus alėja 11 | Tel. 313 6 05 08 | gydykla.lt)* des *Druskininkai Spa Hotel* am Kurpark gibt es Moor- und Kräuterbäder, Mineralwasserschwimmen und therapeutische Massagen auch als günstiges Tagespaket.

Kinder ziehen vermutlich den *Aquapark Druskininkai (Vilnaus alėja 13 | akvapark.lt)* vor, Litauens größtes Spaßbad. In 18 verschiedenen Pools, einem atemberaubenden Rutschentower und künstlichen Stromschnellen steht Badespaß ganz oben.

Noch eine tolle Attraktion hat das Städtchen aber zu bieten, nämlich die *Seilbahn* über den Fluss zur *Snow Arena (snowarena.lt)*, einer riesigen Halle, in der ihr ganzjährig Ski fahren könnt – mit Equipment-Verleih und Einweisung.

Im *Grūtas-Park* 5 km östlich von Druskininkai haben auf einem 20 ha großen Gelände die gestürzten Götzen der Sowjetära Asyl gefunden: Marx, Stalin, KGB-Gründer Dserschinski, allerhand litauische Kommunistenköpfe und viele viele Lenins. *Grūto Parkas | tgl. 9–17, im Sommer 9–20 Uhr | grutoparkas.lt*

Und gleich um die Ecke der Stadt beginnt der kleine, aber feine *Nationalpark Dzūkija (gamta.cepkeliai-dzukija.*

lt | *F-G17*). Auch hier gibt's Wanderwege, Aussichtstürme und sogar eine große, gläserne Pyramide bei Merkinė, die spirituelle Kraft spenden soll, wenn man sich in ihr aufhält. Nichts wie hin! *F17*

INSIDER-TIPP
Spür die Kraft!

KAUNAS

(F15) **Litauens zweitgrößte Stadt (295 000 Ew.) war zwischen 1920 und 1940 mal Regierungssitz. Heute sieht sich das selbstbewusste Handels- und Wirtschaftszentrum am Zusammenfluss von Nemunas und Neris immer noch gern als heimliche Hauptstadt. Diese Extraportion Stolz bekommst du auch heute noch ganz gut mit.**

Die Universität heißt nach Großfürst Vytautas und die große Einkaufspromenade Freiheitsallee. Auch sonst lässt es sich in der großen Fußgängerzone sehr gut leben zwischen Kirchen, Rathaus, Schloss, Kneipen, Restaurants und Flussufer, wo sich zwei wichtige litauische Ströme mitten in Kaunas treffen. Und dann gibt's noch ein paar Hügel und zwei alte Standseilbahnen. Kaunas macht mehr Spaß, als viele denken!

WOHIN ZUERST?

Rathausplatz: Ein Stadtbummel beginnt am Rathausplatz in der Altstadt oder auf dem Unabhängigkeitsplatz, jeweils an den Enden der Fußgängerzone *Vilniaus/Laisvės aleja* gelegen. Vom Bahnhof führen mehrere Buslinien dorthin. Autofahrer meiden besser das Stadtzentrum und parken auf dem Parkplatz an der Burg.

SIGHTSEEING

ALTSTADT (SENAMIESTIS)

Die schönste Straße der Stadt ist die Ausgehmeile *Vilniaus gatvė*. Sie mündet in den weitläufigen *Rathausplatz* mit weiteren Cafés. Hier herrscht bis in die Nacht wunderbare Stimmung. Dann geht's zur alten *Burg von Kaunas* mit Fotomotiven von Festung, Stadt und Fluss. Schlendre noch ein paar Minuten weiter, durch die Grünanlagen, bis der Landzipfel aufhört. Hier fließen die beiden großen litauischen Flüsse Memel und Neris zusammen.

PERKŪNAS-HAUS (PERKŪNO NAMAS)

Nobel, nobel: Das Haus, nach dem heidnischen Donnergott benannt, baute im 16. Jh. ein Kaufmann. Die Fassade ist aus 16 Ziegelsteinarten gemauert und ein prachtvolles Beispiel spätgotischer Baukunst in Litauen. *Mo–Fr 10–16.30 Uhr | Aleksoto 6 | perkunonamas.lt*

WEISER ALTER MANN

Der barfüßige Pfeifenraucher im roten Hausanzug ist seit einigen Jahren das neue Symbol der Stadt. Er misst ganze 440 m^2; das Künstlerkollektiv *Gyva Grafika* malte ihn 2013 auf die Hauswand einer stillgelegten Schuhfabrik.

Du hast noch nie etwas von Backsteingotik gehört? Kaunas' Altstadt bildet dich weiter

Der weise alte Mann inspirierte viele weitere Graffiti-Künstler zu großformatigen Wandbildern, etwa melancholische Eisbären oder rosa Elefanten. Lokale Besonderheit: In Kaunas bemalt man die Wände statt sie zu besprühen. Kaunas Gassen und Hinterhöfe sind im Übrigen auch beliebte Bühne für Akrobatik, Musik und Skulpturen. Halt die Augen offen! *Jonasvos 3*

FREIHEITSALLEE (LAISVĖS ALEJA)

Nach umfassender Renovierung präsentiert sich die Freiheitsallee jetzt in neuem, schönem Gewand: breite Gehwege, kaum Autoverkehr, dazu in der Mitte ein Grünstreifen zum Flanieren und Gassi gehen. Hier meldet sich das heutige Kaunas mit Designershops, Galerien, modernen Cafés, Kosmetik, Smartphones und Schmuck. Immer im Blick: die weiße *Erzengel-Michael-Kirche.*

STANDSEILBAHNEN (ALEKSOTAS & ŽALIAKALNIS FUNIKULERIUS)

Wirklich witzig sind die 100 Jahre alten Standseilbahnen. Die *Aleksotas-Bahn (tgl. 7–19, Mittagspause 12–13 Uhr | Amerikos Lietuvių gatvė 6)* rumpelt in 90 Sekunden ihre 70 m auf und ab, am Ende der großen Vytauto-Brücke. Oben wartet eine Aussichtsplattform mit tollem Blick auf Altstadt und Fluss.

INSIDER-TIPP
Schaut auf diese Stadt!

Eine weitere Bahn, *Žaliakalnis (gleiche Zeiten | Aušros gatvė 6),* geht auf den Grünen Berg. Einsteigen, auf die Abfahrt warten und oben 70 Cent pro Nase bezahlen.

ČIURLIONIS-KUNSTMUSEUM (ČIURLIONIS VALSTYBINIS MUZIEJUS)

Der Maler und Komponist Mikolajus Konstantinus Čiurlionis (1875–1911) ist der litauische Nationalkünstler. Hier hängen etwa 360 seiner Gemälde und Zeichnungen. Im Musiksaal lässt sich nacherleben, wie das empfindsame Universalgenie aus der Waldstadt Druskininkai seine symbolistische Malerei in Klänge umsetzte. *Di–So 11–17, Do bis 19 Uhr | Putvinskio 55 | Führungen Tel. 37 22 94 75 | ciurlionis.lt | 1 h*

ESSEN & TRINKEN

AVILYS

Im von Touristen umschwirrten „Bienenstock" ist Honigbier die Spezialität. Wer's mag. Das Essen ist aber auch ganz ordentlich, aufgetischt wird litauisch. *Vilniaus 32 | Tel. 37 20 75 52 | avilys.lt | €€*

CHOCOLATERIE

Probier am Rathausplatz außer der genialen heißen Schokolade, den Kuchen und Torten auch die Kaffees, die Frühstücke und besonders die hervorragenden Crêpes. Ach so, und Bier vom Fass gibt's natürlich auch. *Rotušės a. 26 | Tel. 686 4 49 94 | sokoladine.lt | €€*

SPURGINĖ

Süße oder salzige Krapfen, *Spurginė*, sind die lokale Spezialität. Und in diesem Lokal ist ihr Zuhause. Gesund geht anders, aber die Krapfen sind superlecker und günstig dazu. Das Ganze in Stil und Service mit altbackenem, aber nicht unsympathischem Sowjettouch. *Laisvės 84 | Facebook: Spurginė | €*

BONAS

Rustikal-gemütliches Ausflugslokal mit Blick über einen Badesee. Frisch zubereitete Hausmannskost. *Ežero 8 a | Tel. 650 1 32 66 | Facebook: Kavinė Bonas | €*

SHOPPEN

Die schnurgerade, extrabreite und von Grund auf neu gestaltete *Freiheitsallee (Laisvės alėja)* ist die perfekte Shoppingmeile von Kaunas. Beschaulicher ist die sich anschließende *Vilniaus gatvė*, die außer mit Kneipen auch mit mehreren schönen Kunsthandwerksläden (z. B. der ansehnliche *Linas-Medis* in der Vilniaus 32) aufwartet.

SPORT & SPASS

BASKETBALL (KREPŠINIS)

Basketball ist Religion in Kaunas, der Verein *Žalgiris Kaunas* gehört zu Europas Topteams. Gespielt wird in der *Žalgirio Arena*, der größten des Baltikums vor 15 000 frenetischen Fans. *Tickets auf zalgiris.lt | Karaliaus Mindaugo pr. 50 | zalgirioarena.lt*

EISLAUFBAHN (LEDO ARENA)

Mit Schlittschuhverleih. *Sept.–Mai Mo–Fr 8–17 Uhr | Aušros 42 C | ledoarena.lt*

AUSGEHEN & FEIERN

BO BARAS

Pub, Imbiss, Bar, Club, Café – irgendwie alles in einem. Im Urvater aller Kneipen von Kaunas wird es abends rappelvoll. Meist läuft Indie-Rock oder Pop. *Muitinės 9 | Facebook: barasbo | €*

RUND UM KAUNAS

4 KAUNASER MEER & KLOSTER PAŽAISLIS

12 km/20 min von Kaunas zum Kloster Pažaislis am Seeufer (Auto)

Das Kaunaser Meer *(Kauno jūros)* ist ein Stausee, der größte ganz Litauens, 93 km lang, entstanden durch ein 1954 gebautes Wasserkraftwerk am Nemunas. Es liegt am südöstlichen Stadtrand von Kaunas und ist beliebtes Ausflugs- und Wassersportziel.

An seinem westlichen Ufer prangt das *Kloster Pažaislis (Pažaislio vienuolynas | Di–So 11–17 Uhr | Kauno jūros 31 | Anmeldung für Führungen Tel. 37 75 64 85)*, ein wahres Meisterwerk des Barock. Die Nonnen führen gerne durch ihr Reich. Im Zentrum steht die majestätische sechseckige Klosterkirche, ihre Kuppel bringt es auf 53 m Höhe. Untermieter auf dem Klostergelände ist der *Hospitality Complex Monte Pacis* mit *Restaurant (Tel. 655 951 85 | montepacis.lt | €€)*. Oft gibt es auf dem Gelände auch Performances und Konzerte. *F15*

Ja, sind wir denn in Italien? Nein, auch im Kloster Pažaislis wurde bildschön barock gestapelt

Litauen im Kleinformat: Historisches aus dem ganzen Land im Freilichtmuseum Rumšiškės

5 ETHNOGRAFISCHES FREILICHTMUSEUM LITAUEN (LIETUVOS LIAUDIES BUITIES MUZIEJUS)

29 km/30 min von Kaunas auf der A1 bis Abfahrt Rumšiškės (Auto)

Aus dem ganzen Land zusammengetragen und originalgetreu wieder aufgebaut: Bauernhöfe, Dorfschulen, Windmühlen, Brunnen, Backöfen. Litauen im Kleinen, jede Region hat ihr eigenes Dörfchen. Mit mehr als 180 Gebäuden und 88 000 Exponaten auf einer Fläche von 200 ha zählt es zu den größten Freilichtmuseen Europas. Nimm dir Zeit für einen Bummel durch *Rumšiškės*. Am Wochenende oft schöne Kunsthandwerkermärkte und Folklorefeste. *Mai–Okt. Di–So 10–18 Uhr | 10 Euro, letzter Sa im Monat frei | llbm.lt | 2–3 h | F15*

6 KĖDAINIAI

55 km/1 h von Kaunas (Auto)

Litauens Gurkenhauptstadt! Das grüne Krummgemüse wird hier seit Jahrhunderten angebaut und verarbeitet, es gibt sogar Gurkenschnaps und ein Gurkenfest im Juli. Das beschauliche Städtchen in Litauens geografischer Mitte war in seiner Geschichte auch dafür bekann, religiös besonders tolerant zu sein. Bis heute erinnern daran zwei Synagogen, ein Minarett, sieben Kirchen. Eine ist etwas Besonderes: *St. Joseph*, eine barocke Stabkirche. *F14*

KLAIPĖDA

(B13) **Klaipėda an der Mündung des Kurischen Haffs in die Ostsee**

ist Litauens „Tor zur Welt". Wirtschaftlicher Motor und Scharnier des Aufschwungs ist für die fast 200 000-Seelen-Stadt der Hafen.
In Klaipėda fließen deutsche und litauische Geschichte ineinander. Fast sieben Jahrhunderte lang, von ihrer Gründung 1252 bis nach dem Ersten Weltkrieg, hieß die Stadt Memel und gehörte zu Ostpreußen. Die kleine *Altstadt* mit ihren schachbrettförmig angelegten Straßen, den Speichern und Fachwerkhäusern versprüht immer noch den Charme der alten memelländischen Hansestadt.

SIGHTSEEING

ALTSTADT (SINAMIESTIS)

Zwischen kleinen Läden, Cafés und Galerien zieht der Alltag ganz beschaulich dahin. Die Altstadt wuchs als Handwerkerviertel. Die Straßennamen erzählen davon: Da gibt es eine Fischer- *(Žvejų)*, eine Schuster- *(Kurpių)* und eine Bäckerstraße *(Kepėjų)*, auch Schlosser *(Šaltkalvių)* und Schmied *(Kalvių)* haben jeweils ihre Gasse. In der *Didžioji Vandens* (Große Wasserstraße) spannt das *Kleinlitauen-Museum (Mažosios Lietuvos Istorios Muziejus | Di–Sa 10–18 Uhr | D. vandens 6 | mlimuziejus.lt)* eine weite Brücke über die ostpreußisch-litauische Kulturgeschichte; auch das kleine, originelle *Schmiedemuseum (Kalvystės muziejus | Di–Sa 10–18 Uhr | Šaltkalvių 2 | mlimuziejus.lt)* ist einen Besuch wert.

THEATERPLATZ (TEATRO AIKŠTĖ)

Hier laufen die Fäden der kleinen Altstadt zusammen. Mitten auf dem Platz steht der *Simon-Dach-Brunnen* mit einer Ännchen-von-Tharau-Figur *(Taravos Anikė)*, der Darstellung jener Frauengestalt, die der memelländische Dichter in seinem berühmten Lied verliebt besungen hat. Mal bei Eltern, Oma oder Opa nachfragen: Ältere Generationen können das „Ännchen von Tharau" bis heute auswendig aufsagen!

MERIDIANAS

Am Ufer der Danė liegt das schwimmende Wahrzeichen der Stadt vertäut: der Dreimaster Meridianas. 1947 im finnischen Turku gebaut, lief die hölzerne Barkentine bis 1969 als Segelschulschiff der Klaipėdaer Seefahrtsschule auf der Ostsee. Nach einer Havarie musterte man sie aus, am Danė-Kai verkam sie mit der Zeit zur Kantine und vergammelte regelrecht. Als man sie 2012 in die Werft schleppte, war es die Rettung in letzter Minute. Inzwischen ist wieder alles im Lot, heute fungiert das Schiff als nobles Restaurant. Auch die Bar an Bord ist nicht von schlechten Eltern. Ein Teil der Meridianas ist Museum *(tgl. 12–16 Uhr | Führungen/Reservierung Tel. 601 3 18 66 | restoranasmeridianas.lt | 1 h)*. Schau also auch ohne Hunger und Durst mal vorbei.

LINDENSTRASSE (LIEPŲ GATVĖ)

Hinter der Börsenbrücke am nördlichen Ufer der Danė zweigt die schönste Straße der 1770 angelegten Neustadt ab, sie hat viel von ihrem Vorkriegscharme bewahrt. Wahrzeichen ist das neogotische *Hauptpostamt* (1893), das Carillon im Glocken-

Strand und Meer sind dir nicht genug? Dann rauf auf Karklės Klippen und abheben

turm erklingt an Wochenenden zu Mittag mit wechselnden Melodien, etwa dem „Ännchen von Tharau". Nebenan im *Uhrenmuseum (Laikrodžiu muziejus | Di–So 12–18 Uhr | Liepų 12 r | mlimuziejus.lt)* sind Zeitmesser von der Sanduhr bis zum Atomchronometer zu bestaunen.

ESSEN & TRINKEN

FRIEDRICH-PASSAGE

Die kleine Altstadt-Passage vereint mehrere Restaurants verschiedener Küchen unter einem Dach. Was darf's denn heute sein – mediterran, Pizzeria, Steakhouse oder herzhaft-litauische Kost? Sogar ein gemütliches und gut bestücktes Weinlokal gehört zum Angebot. Der Name der Passage erinnert übrigens an Friedrich Wilhelm III., der das damalige Memel, vor Napoleon fliehend, eine Zeitlang zur Hauptstadt Preußens machte. *Tiltų gatvė 26 a | Tel. 46 41 10 76 | pasazas.lt | €€–€€€*

SENOJI HANSA

Ein Klassiker mitten im Zentrum mit traditioneller Küche und wirklich freundlichem Personal. Auch wenn ihr nicht hungrig seid: hier gibt's Biere aus der Region. Das beste Zeichen ist, dass auch viele Einheimische kommen! *Kurpių gatvė 1 | Tel. 46 40 00 56 | senojihansa.lt | €€*

BAMBOLA

Die Pizzeria ist eine Institution in Klaipėda, lecker und unschlagbar günstig. *H. Manto gatvė 1 | Tel. 46 31 22 13 | bambolapica.lt | €*

MOMO GRILL

Eine der besten, wenn nicht überhaupt DIE kulinarische Topadresse der Stadt: Hier gibt es die besten Steaks, leckere vegetarische Gerichte und Salate, auch die Fischspezialitäten vom Grill sind – schlichtweg perfekt. Dabei nicht überteuert. Am besten reservieren. *Lipų gatvė 20 | Tel. 693 1 23 55 | momogrill.lt | €€*

SHOPPEN

Klaipėdas Haupteinkaufsstraßen sind die *H. Manto* und die *Tiltų*. Interessante Läden findest du auch in der Friedrich-Passage. Kunsthandwerk und Bernstein gibt's vor allem in der Altstadt und bei den Straßenhändlern am Theaterplatz.

AUTENTIC

Große Auswahl an Bernsteinschmuck und Nehrungs-Souvenirs, direkt an der Börsenbrücke. *Žvejų 12 | amberta le.com*

GALERIJA PĖDA

In dieser Galerie gibt es die stilvollen Schmuckarbeiten des litauischen Künstlers Vytautas Karčiauskas, die allerdings ihren Preis haben. Am Wochenende untermalt Klaviermusik das Shoppen und Schauen. *Tgl. 10–19 Uhr | Turgaus gatvė 10*

ZENTRALMARKT (TURGAUS)

In der alten Markthalle von Klaipėda wird täglich zwischen 6 und 18 Uhr mit Fisch, Fleisch, Milchprodukten, Obst und Gemüse, Honig und allem gehandelt, was Garten, Feld und Wälder gerade so hergeben. *Turgaus aikšte*

STRAND

Gleich nördlich von Klaipeda ist Wasserspaß garantiert: Im Örtchen Karklė findet ihr nicht nur einen tollen Sandstrand, sondern auch noch Steilküste, Kliffs und viele Paraglider.

AUSGEHEN & FEIERN

HERKUS KANTAS

Traditioneller geht's nicht für diesen Pub. Und doch ist alles neu, nachdem man kürzlich umgezogen ist. Statt Altstadtkeller ist's jetzt einfacher Loftstil im Hafen. Gemütlicher Altstadtpub, im Sommer gibt es schöne Draußenplätze. Gegen trockene Kehlen werden zehn Sorten Bier geboten, einheimische Kreationen nebst Bieren aus Lettland, Tschechien und Deutschland; auch gut essen kann man hier. *Naujoji Uosto 3 | Tel. 685 8 73 38 | €€*

JAZZPILIS

Groovy! In diesem Livemusikclub wird bis in den frühen Morgen gejazzt, gefunkt oder abgerockt. Freundliche Atmosphäre mit rustikalen Holztischen und Backsteinmauern. Wenn du also gerade keine Lust aufs Tanzen hast, dann einfach häuslich einrichten und einige der hervorragenden Drinks genießen. *Tgl. 18–4 Uhr | Pilies gatvė 6 | jazzpilis.lt*

INSIDER-TIPP
Wo Drinks auch ohne live schmecken

RUND UM KLAIPĖDA

7 BERG DER KREUZE (KRYŽIŲ KALNAS) ★ ⚑

163 km/2 h 15 min von Klaipėda auf A1 und 166 (Auto)

Ein Hügel übersät mit Kreuzen erhebt sich mitten in unbewohnter Umgebung. Seit der Zarenzeit stecken Pilger hier Kreuze in den Boden, hinterlassen kleine Jesusfiguren oder auch papierene Botschaften – niemand kann zählen, wie viele christliche Symbole hier angebracht wurden, aber geschätzt werden sie auf über 100 000. Wenn du auch noch einen Standort suchen willst: Am Parkplatz werden Kreuze verkauft. Nicht wirklich nah dran an Klaipėda, aber als Abstecher unterwegs von Kaunas nach Klaipėda gut anzusteuern.

Übrigens: In der Stadt Šiauliai – kurz vor dem Berg – ruhig mal nicht die Umgehungsstraße nehmen. Die kleine Innenstadt hat sich mit ein paar Lokalen und einer Quasi-Fußgängerzone ganz ordentlich herausgeputzt. Eine Imbiss- oder Kaffeepause ist da allemal drin, z. B. im *S baras* (*Aleksandrijos g. 3 | Tel. 41 45 73 68 | Facebook: S-baras | €–€€*) mit hübscher Terrasse und Wintergarten. Zu futtern gibt es gute Hausmannskost. Immer wieder auch Abende mit Livemusik, sodass der Ort auch für ein Feierabendbier oder einen Cocktail bestens geeignet ist.

Je nachdem, welche Route du planst, ist übrigens auch eine Weiterfahrt in nördlicher Richtung nach Lettland möglich, z. B. nach Rīga – dorthin sind's vom Berg der Kreuze gerade einmal schlappe 121 km. *(📖 E12)*

KURISCHE NEHRUNG (KURŠIŲ NERIJA)

(📖 B13–14) **Bis zu 70 m hoch aufragende Wanderdünen, malerische Fischerdörfer, Kiefernwälder und nicht enden wollender Strand: Die ★ ⚑ Kurische Nehrung zählt zu den eigenartigsten und schönsten Küstenlandschaften Europas.**

Das fand schon Reiseprofi Wilhelm von Humboldt: Man müsse sie gesehen haben, solle einem nicht ein wunderbares Bild in der Seele fehlen, schwärmte er 1809. Thomas Mann ließ sich hier ein Sommerhaus mit Blick von der Steilküste bauen, in dem ihn heute ein kleines Museum ehrt, Impressionisten wie Lovis Corinth malten gegen ihre Zivilisationsmüdigkeit an. Fast 100 km lang und an der schmalsten Stelle nur 350 m breit, trennt die säbelförmig geschwungene Landzunge die Ostsee vom Kurischen Haff, einer Süßwasserlagune dreimal so groß wie der Bodensee. Die Kurische Nehrung ist heute geteiltes Land. Ihr Norden gehört zu Litauen, die südliche Hälfte zur russischen Exklave Kaliningrad (Königsberg). Beide Seiten haben die Nehrung zum Nationalpark erklärt, die Unesco nahm sie ins Weltnaturerbe auf. Beachte die strengen Schutzgebote! Am Nationalparkeingang bei Alksnynė müssen Autofahrer eine Umweltgebühr *(20 Euro/Hauptsaison, 5/Nebensaison)* entrichten. Von Klaipėda setzen Fähren zur Nehrung über. In den Kosten für die Passage *(Auto 12,30 Euro)* ist die Rückfahrt jeweils inbegriffen. Fährplan: *keltas.lt*

ZIELE AUF DER KURISCHEN NEHRUNG

8 MEERESMUSEUM (JŪRŲ MUZIEJUS)

Korallen, bunte Schnecken und 30 Aquarien voller Ostseefische und ihrer tropischen Verwandtschaft: Das ist mal eine sinnvolle Nutzung für eine Festung. Das wuchtige *Backsteinfort Kopgalis* (1871) in Smiltynė auf der Nordspitze der Kurischen Nehrung beherbergt ein landesweit einzigartiges Meeresmuseum. In der Außenanlage tummeln sich Kegelrobben, im Delfinarium zeigen Schwarzmeerdelfine und Seelöwen ihre Kunststücke. *Mai–Sept. Mi–So 10–18, Okt.–April Sa/So 10–17 Uhr | Eintritt Museum 10, Kinder 5 Euro; Delfinshow 10, Kinder 5 Euro | Smiltynės 3 | mit der Fähre vom Kastellhafen zur Nehrung übersetzen, von der Fährstelle 400 m rechts | muziejus.lt | 2–3 h | B13*

9 HEXENBERG (RAGANOS KALNAS)

Der Hexenberg liegt bei Juodkrantė auf halber Strecke von Nida nach Klaipėda. Entlang eines Rundwander-

Wallfahrtsort seit 600 Jahren: Inzwischen sieht man den Berg vor lauter Kreuzen nicht mehr

Hat er hier gesessen, der Thomas, und sich von der Sicht auf die Düne inspieren lassen?

wegs (¾ Std.) um einen bewaldeten Hügel haben litauische Künstler liebevoll geschnitzte Holzgeister, Hexen und Kobolde aufgestellt. Start an der Durchgangsstraße, die hier *L. Rėzos gatvė* heißt, bei Nr. 48, am Straßenrand weist die Holzhexe dir mit Axt den Weg. *1–2 h* | *B13*

10 STRAND VON PREILA

Nur wenige Kilometer trennen auf der Halbinsel die ruhige Haff- und die wildere Ostsee-Seite mit ihrem durchgehenden Traumstrand. In Nida wird es im Sommer schon mal voll, deswegen ist der weitläufige Parkplatz rechts der Straße 167 von Smiltynė nach Nida auf der Höhe von Preila ideal. Nur ein paar Schritte und schon landest du am Traumstrand. Dazu gibt's im Sommer eine kleine Bar, oft mit gechilltem Livegeklimper auf der Gitarre. *B13*

11 GROSSE DÜNE (PARNIDŽIO KOPA)

Die schneeweißen Ausläufer der Düne, der höchsten Wanderdüne Europas, sieht man bereits von Nida aus. Klettre aber auf keinen Fall die Sandwände hinauf. Das ist aus guten Gründen streng verboten. Trotzdem darfst du natürlich umherstapfen im unendlichen Sand und dich ein wenig wie in der Gobi oder der Sahara fühlen. *Befestigte Wege ab Nida. Anfahrt PKW: Von der Taikos gatvė geht eine Straße zu den Dünen (kopos) hinab* | *B14*

12 BERNSTEINMUSEUM & GALERIE (GINTARO MUZIEJUS)

Kazimieras Mizgiris und seiner Frau fallen täglich neue Dinge ein, die man aus Bernstein machen kann. Im hübschen Nida. *Sept.–Mai tgl. 10–19, Juni–Aug. 9–21 Uhr* | *Pamario 20* | *Tel. 469 5 27 12* | *ambergallery.lt* | *B14*

13 THOMAS-MANN-HAUS (TOMA MANNO NAMAI)

Mann, ist das hübsch hier: An der Küste beim Hauptort Nida gönnte sich der Literaturnobelpreisträger ein Sommerhaus. Die kleine Ausstellung zeigt Fotos und Schriftstücke des Literaten, außerdem gibt's Tagungen und im Juli das Thomas-Mann-Festival. *Di–So 10–18 Uhr | zu Fuß über die Pamario-Straße (Wegweiser) | Skruzdynės 17 | Tel. 469 5 22 60 | mann.lt | 1 h | B14*

ESSEN & TRINKEN

FISHERIA

In Nida gibt es zwei Plätze für Meeresbewohner: die See oder die Fisheria. Heilbutt oder Lachs sind so frisch, dass die Frage lautet: Genießen – oder durch Mund-zu-Kiemen-Beatmung wiederbeleben? *Taikos g. 5 | Tel. 641 9 77 29 | Facebook: Fisheria Nida | €*

NIDOS SEKLYČIA

Von allen Café-Restaurants hier seit Jahren mit das beste. Zu essen gibt's litauische Spezialitäten, natürlich Fisch (Zander!), auch richtig gute Weine sind im Angebot. Bei all dem sitzt du mit schönem Nehrungsblick im Vorgarten eines roten Altniddener Fischerhauses. *Lotmiškio 1 | Tel. 469 5 00 00 | neringaonline.lt | €€–€€€*

SENA SODYBA

Tik pas Jona – „nur bei Jonas" gibt es so herrlichen Fisch. Lokal im üppigen Garten eines Altniddener Fischerhauses mit herrlichem Haffblick. *Naglių 6 | Nida | Tel. 652 1 23 45 | senasodyba.lt | €€*

SPORT & SPASS

Vom Hafen legen im Sommer jeden Tag Ausflugsschiffe zu Fahrten auf dem Haff und hinüber zum Memeldelta ab. Heure auf einem Kurenkahn an. Die schweren Segler aus Eichenholz, an der altertümlichen Takelung zu erkennen, sind Kopien jener Fischerboote, von denen es vor dem Krieg auf der Nehrung über hundert gab. Heute sind die (drei) *Kurėnas* mit den rotbraunen Segeln, Seitenschwertern und den Kurenwimpeln am Mast wieder Wahrzeichen von Nida *(Buchung Tel. 469 5 23 51).* Boots- und Fahrradverleih etwas weiter Richtung Düne: *Lotmiškio 2 | Tel. 469 5 28 28;* in Preila: *Preilos 39 | Tel. 469 5 23 28*

STRAND

Litauische Touristen gehen am liebsten zu Fuß durch den bewaldeten Landstrich hinüber zur Seeseite. *Sandstrand an der gesamten Westküste der Nehrung | mehrere Stichstraßen zweigen ab von der Fernstraße | Zubringerbus am Hafen Nida*

PALANGA

(B12) **Der litauische Kur- und Badeort (15 000 Ew.) wird für zwei Monate im Jahr zum Mallorca des Baltikums. Klingt jetzt vielleicht nicht für jeden auf Anhieb extrem reizvoll.** Vor allem die Litauer machen hier Urlaub in ihrer kurzen Badesaison. Viel

Restaurierter Blumenschutz: das historische Gewächshaus von Kretinga

Küstenlinie haben sie ja auch nicht, außer auf der Kurischen Nehrung. Palangas Lebensachse ist die *Basanavičiaus gatvė*, deren meerseitiges Ende als 600 m langer Pier hinaus ins Meer ragt. Im Rest des Jahres geht es hier entspannter zu. Plötzlich merkt man, dass es durchaus einige schöne Häuser gibt.

SIGHTSEEING

BERNSTEINMUSEUM (GINTARO MUZIEJUS)

4500 Bernsteinexponate sind zu sehen, viele davon mit eingeschlossenen Insekten. Das Museum ist untergebracht im Anwesen des litauischen Grafen Tiškevičius, auf dessen Sammlung die Ausstellung basiert. Im Park liegt der *Birute-Hügel*, eine heidnische Kultstätte, er gilt als Geheimtipp für Liebespaare. *Juni–Aug. Mo–Sa 10–20, So 10–19, Sept.–Mai Di–Sa 11–17, So 11–16 Uhr | Vytauto 17 | lndm.lt | ⏱ 1 h*

INSIDER-TIPP
Lieber nicht verpassen

ESSEN & TRINKEN

In der Basanavičiaus reiht sich auf ihrem Weg zum Meer ein Lokal an das nächste, da ist für viele Geschmäcker gesorgt. Allerdings wird es vor allem abends ziemlich laut, weil jede Bar ihre Gäste mit Musik beschallen zu müssen meint. Ohren auf bei der Terrassenwahl!

FELIKSAS

Herzhafte, gute Küche gibt es im Restaurant des Hotels *Tauras*. Und ein Frühstück für Frühaufsteher ab 7 Uhr. *Vytauto 116 | Tel. 460 4 84 21 | feliksas.lt | €€*

VILA RAMYBĖ

Zu entspannender Musik wird in diesem Restaurant gutes Essen serviert. *Ramybė* heißt Ruhe, und die ist ein sehr kostbares Gut im quirligen Palanga. *Vytauto 35 | Tel. 460 5 41 24 | vilaramybe.lt | €€*

SPORT & SPASS

FAHRRADVERLEIH DVIRAČIŲ NUOMA

Fahrräder, Kinderanhänger und -sitze, auch Rikschaverleih. *Tgl. 9–22 Uhr | Jūratės 37 | Tel. 8 600 0 19 01 | amberdrop.lt*

WASSERSPORT

Verleih von Surfboards, Tretbooten und Jetskis am Strand in der Nähe der Seebrücke *(Tel. 460 5 38 34)* und an der Seenotrettungsstation *(Žvejų 2)*. 6 km nördlich von Palanga gibt es am Kunigiškės-Strand eine gute *Wind-*

surfbasis (Tel. 657 643 13 | seaparadise.eu).

STRAND

Der ✱ Strand von Palanga ist herrlich breit und feinsandig, allerdings ist im Sommer vor lauter menschlichen Körpern auf beiden Seiten der Seebrücke wenig von der Herrlichkeit zu sehen. Doch auf den 24 km zwischen Nimerseta und Sventoji ist es nicht schwer, ruhige Abschnitte zu finden. FKK-Anhänger achten bitte unbedingt auf die Schilder, Nacktbaden ist in Litauen nicht verbreitet, da herrschen immer noch strenge Sitten.

AUSGEHEN & FEIERN

An Sommerabenden verwandelt sich die *Basanavičiaus*-Straße in eine einzige Musik- und Kneipenmeile. Wer gern drei Bands gleichzeitig hört, ist hier richtig: So geht Party in Palanga.

VANDENIS CLUB

Eine der beliebtesten Musikbars Palangas, oft Livebands, good vibrations. *Mai–Okt. tgl. | Birutes 47, am Botanischen Park | vandenis.lt*

RUND UM PALANGA

14 KRETINGA

14 km/20 min von Palanga (Auto)

Der Ort birgt ein botanisches Kleinod: das wieder aufgebaute tropische Gewächshaus, das der litauische Graf Tiškevičius einst hegte und pflegte. Ein Restaurant und ein Heimatmuseum gehören auch noch dazu. *Di–So 12–23 Uhr | Vilniaus 20 | Tel. 445 5 13 66 | kretinga.lt* | B12

15 ŽEMAITIJA-NATIONALPARK

60 km/1 h von Palanga (Auto)

Ein 220 km² großes Stück malerisches Baltikum aus Wäldern und eiszeitlichen Hügelketten, 65 Flüssen, 27 glasklaren Seen: Das ist Litauens jüngster Nationalpark, ein gefundenes Fressen für Naturfans, Kanuten und Wanderer. Das *Besucherzentrum (Didžioji 8 | Tel. 448 4 92 31 | zemaitijosnp.lt)* des Parks liegt in *Plateliai*.

Bei *Plokštinė* wurde ein ehemaliger Atomraketenbunker in ein *Museum (Mai–Sept. Di–So 9–17 Uhr)* verwandelt. Bis 1987 steckten in den 30 m tiefen Schächten sowjetische Interkontinentalraketen. C12

SCHÖNER SCHLAFEN IN LITAUEN

VORHANG AUF!

Das *Hotel Pacai (104 Zi. | Didžioji 7 | Tel. 5 277 00 00 | hotelpacai.com | €€€)* ist wohl das schönste des Baltikums! Der einfühlsam restaurierte Vilniuser Barockpalast von 1677 wirkt wie eine einzige großartige Theaterkulisse. Natürlich verbunden mit modernsten Annehmlichkeiten wie Spa und chilliger Bar.

LETTLAND

BURGEN AUS SAND UND STEIN

Fast 500 km Küste, im wahrsten Sinne des Wortes endlos scheinende Strände, unberührte Naturlandschaften von melancholischer Weite, Herrenhäuser, Burgen, Schlösser und verwitterte Ruinen, die von Jahrhunderten Fremdherrschaft und bewegter Geschichte zeugen: Lettland (1,9 Mio. Ew.), mittlere der drei Ostseerepubliken, ist vielleicht am stärksten geprägt von jenen Kontrasten und Stimmungen, wie sie typisch sind für das Baltikum.

Reiner Magnetismus: Rīgas Altstadt besitzt die wohl größte Anziehungskraft im Land

Mancherorts scheint die Zeit hier stillzustehen – vor allem auf dem Land. Oder in manchem Stadtviertel. Umso schneller aber vergeht sie in der Hauptstadt: Rīga hat sich zu einer pulsierenden Ostseemetropole gemausert. Weitläufige Boulevards, mittelalterliche Gässchen, Wolkenkratzer und alte Holzhäuser, Backsteingotik und üppiger Jugendstil, auch kreative Quartiere in Industrieruinen prägen ihr Gesicht. Bei „Miss Baltica" passt alles zusammen und ergibt eine überschießend-positive Mischung.

LETTLAND
Kuressaare
Kap Kolka (Kolkas rags) & Slītere-Nationalpark
Mazirbe
Roja
Dundaga
Ventspils
Pasiekste
Mersrags
Talsi
Ethnografisches Freilichtmuseum (Etnogrāfiskais brīvdabas muzejs)
Stende
Engure
Strand von Jūrkalne
Sandhöhlen von Riežupe (Riežupes smilšualas)
Kandava
Vakarbuļļu-Strand
Jūrkalne
Kuldīga
Tukums
Jūrmala
Rīga
S.76
S.80
Pāvilosta
Altstadt Rīga
Hazenpot
Jaunpils
Jugendstilviertel Rīga
Marupe
Lidumnieki
Skrunda
Saldus
Dobele
Iecava
Jelgava
Strand von Liepāja
Grobiņa
Liepāja
Priekule
S.74
216 km, 2 ¾ Std.
Žagarė
Bauska
Bernāti
Nīca
Mažeikiai
Naujoji Akmenė
Skuodas
Joniškis
Venta
LIETUVA
Kuršėnai
Pakruojis
Palanga
Telšiai
Šiauliai
Kretinga
Plungė
Radviliškis
Panevėžys
Klaipėda
Rietavas
Šeduva
Gargždai
Kelmė
Krekenava
Šilalė
Kryžkalnis
Ramygala
Šilutė
Raseiniai
Nida
Kėdainiai
Tauragė
Pagėgiai
Jurbarkas
Советск
Jonava
Неман
Šakiai
Kaunas

MARCO POLO HIGHLIGHTS

★ **CĒSIS**
Die einst größte Burg Livlands und eine mittelalterliche Innenstadt ➤ S. 88

★ **SIGULDA**
Hübscher Ort im Gauja-Nationalpark, Abenteuerspielplatz inklusive Märchenburg Turaida ➤ S. 90

★ **LIEPĀJA**
Musik und Strand in der entspannten Stadt des Winds – dem Beginn der einsamen lettischen Westküste ➤ S. 74

★ **ALTSTADT RĪGA**
Das einmalige Ensemble ist traumhaft schön und platzt vor Lebenslust. ➤ S. 80

★ **JUGENDSTILVIERTEL RĪGA**
Für diese Fassaden ist das Wort Augenschmaus keine Übertreibung. ➤ S. 82

★ **KULDĪGA**
Lass dich unter Europas breitestem Wasserfall herrlich massieren. In einem Städtchen wie aus dem Bilderbuch. ➤ S. 76

★ **DAUGAVPILS**
Kunstfans pilgern zu Mark Rothko. Und bestaunen die lieblichen Bögen der Daugava in Ostlettland. ➤ S. 92

LIEPĀJA

(📖 B10–11) **Die „★ Stadt des Winds" ist Sommerhauptstadt der Letten und die drittgrößte (69 000 Ew.) im Land. Das Sonnenlicht erweckt sie zum Leben.**

Dann wird der feinsandige Strand zum Lebensmittelpunkt, entspannte Lebenslust überall. Für den passenden Soundtrack sorgen das *Sommer Sound Festival (Anfang August)* am Strand, der coole Rockclub *Fontaine Palace* und die spektakuläre Konzerthalle. Die gewaltsame Abschottung (als militärische Sperrzone) unter den Sowjets förderte den unabhängigen Spirit Liepājas.

SIGHTSEEING

ALTSTADT

Ein bisschen verschlafen und aus der Zeit gefallen war sie meist, die *Lielā iela* (Große Straße), gesäumt von Bürgerhäusern in Jugendstil und Neoklassizismus – und seit Neuestem ist die Straße mit der historischen Tramlinie sogar schön renoviert. Auch streckt sich hier die 1758 geweihte, zumindest teilweise sanierte *Dreifaltigkeitskirche (Sv. Trīsvienības Baznīca)* zum Himmel. Sie besitzt einen besonderen, schlichten Charme. Wenn man dich hinauflässt, dann besteig unbedingt den *Turm*. Spätbarock und Rokoko feiern mit viel Sandsteinzierrat und Blattgold ein rauschendes Fest. Die Orgel war lange die weltgrößte.

In der kleinen Fußgängerzone *Tirgoņu iela* gibt es ein paar Lokale zum gemütlichen Verschnaufen, und kurz hinter dem Minizentrum der im Hanseverbund einst Libau genannten Stadt folgt noch ein authentischer, traditioneller Bauernmarkt *(Pētertirgus | Kuršu iela 5–7/9 | petertirgus.lv)*.

Das Pfund, mit dem Liepāja bei Touristen wuchert: sein wunderschöner, weißer Strand

BERNSTEINHALLE (KONCERTZĀLE LIELAIS DZINTARS) & HAFEN

Ganz schön stolz sind sie hier auf ihren neuen Konzertsaal, modern designt und an den Rand des engen Stadtzentrums, schon mit Blick auf den Hafen, gepflanzt. Wie ein golden schimmernder, riesiger Bernstein sieht er aus – und hat tatsächlich eine richtig einwandfreie Akustik. So heißt die Halle auch schlicht „Großer Bernstein". Gegenüber im Hafen passen stilistisch dazu das schicke Promenadehotel und die Bernsteinsanduhr in einer Glasvitrine. Die beste Gelegenheit zur Besichtigung ist selbstverständlich während eines Konzerts. Karten gibt's oft sogar noch last minute auf der Website und an der Abendkasse. *Infozentrum Mo–Sa 10–19 Uhr, So 10–15 Uhr, Führungen tgl. nach Voranmeldung für 2,50 Euro/Pers. | Radio iela 8 | lielaisdzintars.lv*

INSIDER-TIPP
Bernstein ohne Leonard, aber mit viel Klang

STRANDPARK

Liepāja ist eine dieser wenigen glücklichen Städte, egal ob an Ostsee oder Nordsee, die wirklich direkt an einem tollen Sandstrand liegen: Nur ein paar Steinwürfe von Stadtkern entfernt. Die *Liepu iela* entlang dem Badepark und einige ihrer Nebenstraßen säumen verschnörkelte alte Holzvillen, nicht alle in Topzustand, aber definitiv mit viel Charme. Vorsicht nur vor dem fiesen Einbahnstraßensystem – aber am Ende kommt man immer an! Der Park selbst ist groß, grün und schattig. Vor allem bringt er euch aber direkt zum großen, herrlich sandigen Badestrand.

KRIEGSHAFEN (KAROSTA) & KGB-GEFÄNGNIS

Der Kriegshafen, einst Stadt in der Stadt, verfiel seit dem Abzug der russischen Armee in den 1990er-Jahren. Teilweise bröckelt immer noch arg der Putz, teilweise wurde ein wenig saniert. Hier leben Menschen der russischen Minderheit, auf den Straßen werdet ihr eher kein Lettisch hören. Von fast überall bereits von Weitem zu sehen: die riesige orthodoxe *St.-Nikolaus-Kathedrale* mit den goldenen Kuppeln in der Mitte des Areal.

Aus einem besonders finsteren Ort, dem früheren Militärgefängnis *(Karostas cietums | Invalidu 4 | Tel. 63480808 | karostascietums.lv | 1–2 h)*, das gleich drei Diktaturen (dem Zaren, der Wehrmacht und dem KGB) diente, wurde eine Gedenkstätte, aber eben auch eine kleine Eventstätte: Nervenstarke Besucher können in der zweistündigen Realityshow oder in realistischen Fluchtspielen sowjetischen KGB-Knastalltag nacherleben – inklusive Appell und Verhör. Sogar Übernachtungen in der Zelle werden angeboten. Für die einen moralisch fragwürdig, für die anderen ein Erlebnis, denn selbst auf spielerische Weise bekommt man hautnah zumindest eine Ahnung, wie's wirklich war.

ESSEN & TRINKEN

HOT POTATO

Hier lässt es sich ganz locker zurücklehnen, essen und trinken. Riesige

Burger, alle möglichen internationalen Gerichte, freundliches Personal und sehr vernünftige Preise. Direkt um die Ecke von Bernsteinhalle und Hafen. *Jāņa iela 1 | Tel. 24 94 77 87 | Facebook: Hot Potato Liepaja | €€*

BOULANGERIE

Kann man nur von Éclairs, Café au Lait und Liebe leben? Hoffentlich, denkt man sich auf der wunderbaren Dachterrasse, umringt von Éclair-süchtigen Spatzen und Bloggerinnen im Selfiefieber. Gutes Eis gibt's hier auch. *Kuršu iela 2 | Facebook: illyliepaja | €*

SPORT & SPASS

BOOTSFAHRT

Vom Anleger am *Hotel Promenade* legt die 12-m-Motoryacht *Četri vēji* („Vier Winde") tgl. zu Rundfahrten durch den Hafen, auf die Ostsee und nach Karosta ab. 12 Passagiere können anheuern, für längere Törns gibt's an Deck sechs Schlafplätze. *Reservierung Tel. 29 37 93 72 | fourwinds.lv*

FAHRRADVERLEIH

Wer Stadt und das Drumherum per Rad entdecken will, leiht sich sein Gefährt am *Rožu laukums 5/6 (in der Touri-Info)* und lässt sich dort auch gleich einen Routenplan mitgeben. *Tel. 63 48 08 08 | liepaja.travel*

AUSGEHEN & FEIERN

FONTAINE PALACE

24/7: Einer der coolsten Musikclubs des Baltikums, der mit vielen Livekonzerten Liepājas Flagge als lettische Rockhauptstadt hochhält. Auch Jazzer und Bluesbands spielen im umgebauten Hafenspeicher. *Dzirnavu 4 | Tel. 63 48 85 10 | fontainepalace.lv*

RUND UM LIEPĀJA

1 PĀVILOSTA

55 km/45 min von Liepāja (Auto)

Das kleine Fischerdorf lohnt für diejenigen, die gern alle möglichen frutti aus dem Meer essen. Der Geruch von Geräuchertem liegt über dem Ort. Probier z. B. das Restaurant *Āķagals (Dzintaru iela 3 | Tel. 29 16 15 33 | €€)* und die einfache, typische und sympathische Imbissgaststätte *Kafejnīca Laiva (Dzintaru iela 31 | Tel. 29 33 55 75 | Facebook: kafejnica laiva | €).* *B 9–10*

KULDĪGA

(C9) **Schon ihr ★ Name ist irgendwie sympathisch, denn er klingt fast, als ob ein waschechter Hamburger seinen Kumpel ansprechen würde: „Cool, Digga!"**

Und das passt, denn auch abgesehen vom Namen ist dieses Städtchen (13 000 Ew.) mitten in der westlettischen Provinz wirklich allererste Güteklasse: ein mittelalterlicher Stadtkern, Park, Aussichtspunkte, eine historische Brücke und vor allem eine Attraktion, wie es sie sonst nirgendwo gibt:

Schaut euch nicht nur den Wasserfall an, Kuldīga hat auch eine hübsche Altstadt

der breiteste Wasserfall Europas. Unter Herzog Jakob war man Hauptstadt Kurlands und hatte sogar für eine Weile die fragwürdige Ehre eigener Kolonien (Tobago und Teile Sambias).

SIGHTSEEING

HISTORISCHER STADTKERN

Das Herz des Ortes bildet die *Baznīcas iela* mit dem kleinen historischen *Rathaus* und der Touristeninformation. Gegenüber geht die kleine Fußgängerzone der *Liepājas iela* ab. Die Baznīcas iela führt einige hundert Meter an Metropole-Hotel und evangelischer Katharinenkirche vorbei zur *Backsteinbrücke*. Wirf aber noch links einen Blick auf den kleinen *Wasserfall des Alexflüsschens (Alekšupīte)*. Rechts biegt vor der Brücke die *Pils iela* ab mit Panoramablick auf den breiten Venta-Wasserfall.

WASSERFALL (VENTAS RUMBA)

Das perfekte Spa-Erlebnis: Der Fluss Venta bildet an dieser Stelle mit 250 m den breitesten Wasserfall Europas – auch wenn er nur gut 2 m hoch ist. Steig ins Wasser, hock dich an einer gut zugänglichen Stelle unter die Fälle und lasse dir herrlich Schultern und Rücken massieren. Sogar Umkleidekabinen sind im Angebot – natürlich alles umsonst. Den ganzen Tag wagen auch meist Jugendliche den Sprung „in die Tiefe". Die historische Backsteinbrücke *Kuldīgas ķieģeļu tilts* führt aus dem Ortskern über die Venta.

INSIDER-TIPP
Selbstbedienungs-Spa

ESSEN & TRINKEN

PAGRABIŅŠ

Im historischen Ortskern hat dieses Lokal eine besonders schöne Terrasse direkt über dem Flüsschen Alekšupīte. Bis spät abends der perfekte Ort für ein Bierchen oder auch traditionelles Essen mit modernem Touch (z.B. Sojahühnchen). Auch gutes vegetarisches Angebot. *Baznīcas iela 5 | Tel. 63 32 00 34 | pagrabins.lv | €€*

THE MARMELADE CAKE & COFFEE

Dieses urgemütliche, kleine Café im Herzen der Stadt ist ganz neu auf der kulinarischen Landkarte – zum Glück! Freundliche Besitzer, die eine einmalige Kaffee- und Kuchenauswahl parat haben. Verpasst vorm Rausgehen auf keinen Fall die kleine Konditoreiecke, wo ihr ein paar süße Stärkungen für unterwegs mitnehmen könnt. *Pasta iela 5 | Tel. 26 06 09 00 | €–€€*

Hand in Hand am Strand geht es sich in Jūrkalne besonders schön

RUND UM KULDĪGA

2 SANDHÖHLEN VON RIEŽUPE (RIEŽUPES SMILŠU ALAS)

7 km/12 min von Kuldīga (Auto)

Sie bilden ein einzigartiges, unterirdisches Labyrinth – die kuriosen Sandhöhlen an der Venta. Die gut gelaunten, super Englisch sprechenden Tourguides machen die Führung zu einem fröhlichen Abenteuer. Auf keinen Fall verpassen! *Tgl. 11–17 Uhr, im Winterhalbjahr geschl. | 6 Euro | Tel. 29 55 50 42 | smilsualas.lv |* *C9*

3 JŪRKALNE

42 km/35 min von Kuldīga (Auto)

Der Strand von Jūrkalne mit seiner Steilküste im Rücken ist gewissermaßen das Nonplusultra eines herrlichen Strandspaziergangs: Hier musst du auch baden gehen. Das Meer ist einfach großartig, wild und kühl. Einfach den Schildern zur Steilküste folgen: *Jūrkalnes stāvkrasts.* Jūrkalne lässt sich auch perfekt mitnehmen unterwegs von Liepāja nach Kuldīga oder nach Ventspils. *B9*

4 VENTSPILS

57 km/45 min von Kuldīga (Auto)

Die 40 000-Einwohner-Stadt mit dem größten Hafen Lettlands hat eine inzwischen modernisierte Uferpromenade mit einigen sympathischen

Farbtupfern: Mülleimer im maritimen Stil und im wahrsten Sinn des Wortes bunte Kühe gibt es hier. Wer Wasser unterm Kiel braucht: Der Dampfer *Hercogs Jekabs (Fahrplan auf portofventspils.lv unter „sustainability" | Kreuzung Ostas und Tirgus, Kai Nr. 18)* cruist Juni–Aug. alle 1–2 Std. durch den Hafen. Gleich oberhalb des Hafens folgt eine kleine, aber feine *Altstadt.* In dieser Stadt ist es irgendwie immer gemütlich, nie überfüllt. Cafés und Restaurants stehen zu Diensten. Auch der Strand ist vom Feinsten. Am *Ratslaukums,* dem Rathausplatz, streckt sich die 1835 gebaute evangelische *Nikolaikirche (Sv. Nikolas baznīca).* Gegenüber: das *alte Rathaus (Annas iela 13)* von 1850. Schön zum Bummeln: die verkehrsberuhigte *Kuldīgas iela* mit Geschäften und einigen Cafés.

Die um 1290 von Rittern des Livländischen Ordens gegründete, heute restaurierte *Burg (Mai–Okt tgl. 9–18, sonst Di–So 10–17 Uhr | Jāņa 17 | ventspilsmuzejs.lv)* und älteste Festung Lettlands, gab dem Ort den Namen: Ventspils heißt „Burg an der Vente".

Aber warte, das ist noch nicht alles: Ein paar Schritte von der Burg entfernt beginnt das alte Holzhäuserviertel *Ostgals.* Einiges ist heruntergekommen, aber trotzdem findet sich hier ganz schön viel nostalgischer Charme zwischen *Loču* and *Vasarnīcu iela.* Und 2,5 km außerhalb des absoluten Stadtkerns hört ihr noch den Ruf des hübschen *Küsten-Freilichtmuseums (Piejuras brivdabas muzejs | Mai–Okt. Di–So 10–18, Nov.–April Mi–So 10–17 Uhr | Riņķa iela 2 | muzejs.ventspils.lv/piejuras-brivdabas-muzejs)* mit Themenschwerpunkt Fischerei, samt kleiner Eisenbahn, die übers Gelände tuckert, und modernem, großem Campingplatz gleich nebenan. C8

5 KAP KOLKA (KOLKAS RAGS) & SLĪTERE-NATIONALPARK

140 km/1 h 40 min von Kuldīga (Auto)

In der Isolation als sowjetisches Militärsperrgebiet entwickelte sich um das raue *Kolkas rags (Kap Kolka)* ein wilder Küstenurwald, der den Kern des 160 km² großen Slītere-Nationalparks bildet. Die Strecke aus Kuldīga zum Kap Kolka ist recht weit, aber unterwegs kommt ihr nicht nur an Ventspils vorbei, sondern hier ist der Weg das Ziel. Nördlich von Ventspils begann eine ewige Schotterpiste die Küste entlang bis zum Kap. Inzwischen ist alles asphaltiert, aber die tolle, einsame Wildwest-Atmosphäre ist geblieben. Unterwegs gibt's Traumstrände, etwa am *Leuchtturm Miķeļtornis* mit gleich zwei guten Campingplätzen. Und am kleinen *Nationalpark (Nationalparkzentrum Dundaga | Mai–Sept. tgl. 10–18 Uhr | slitere.lv)* samt *Slītere-Leuchtturm (Slīteres bāka)* beim Dorf Slītere (die 60 m hinaufsteigen, bei tollem Wetter reicht der Blick bis zur estnischen Insel Saaremaa!) kommt man fast vorbei, es ist nur ein kleiner Abstecher Richtung Dundaga.

INSIDER-TIPP
Auf steilen Pfaden ins Herz der Natur

Direkt neben dem Leuchtturm geht eine steile Treppe hinunter zu einem kleinen Rundweg auf Stegen durch die Schutzzone. Außerdem seitlich, kurz vorm Kap Kolka: sechs ethnografisch geschützte Fischerdörfer, in denen die letzten Liven leben, Lettlands kleinste Minderheit. An der Landspitze Kap Kolka selbst treffen sich die offene Ostsee und die Rīgaer Bucht, du kannst es mit eigenen Augen sehen. Auch dort ein toller Strand, ein Aussichtsturm und trotz der Schönheit viel Gelassenheit und Ruhe. Nimm den kostenlosen Parkplatz aus Süden kommend am Kreisverkehr nach links. *D7–8*

RĪGA

(F9–10) **Die einzig wirkliche Metropole des Baltikums (640 000 Ew.) zieht die Menschen von nah und fern an wie ein Magnet.**
Vecrīga, die herausgeputzte ★ Altstadt mit ihren winkligen Gassen, Kirchen, alten Klosterhöfen, Kaufmanns- und Gildehäusern, und das berühmte Jugendstilviertel der Neustadt gleich nebenan vereinen aus 800-jähriger Geschichte so viel Baukunst, dass die Unesco Rīga 1997 zum Weltkulturerbe ernannte. An schönen Sommerta-

WOHIN ZUERST?

Laima-Uhr: Die Retro-Uhr ist der klassische Treffpunkt der Rigenser, gelegen zwischen verkehrsberuhigter Altstadt, Freiheitsdenkmal und Bastejkalns-Park. Von hier aus erreichst du alle Sehenswürdigkeiten zu Fuß. Das Auto solltest du am Hotel abstellen und dich zu Fuß, mit Leihfahrrad oder öffentlichen Verkehrsmitteln im Zentrum bewegen. *Aspazijas bulvāris 20*

Renaissance à la Disneyland: Das Schwarzhäupterhaus wurde Stein für Stein neu aufgebaut

gen bebt, vibriert es geradezu vor Action, Freude und allgemeiner Geschäftigkeit. Dazu kommt noch die Helligkeit der baltischen Sommersonne – fast wird es hier unwirklich schön.

SIGHTSEEING

SCHWARZHÄUPTERHAUS (MELNGALVJU NAMS)

Im Zweiten Weltkrieg abgebrannt, in den späten 1990er-Jahren mit Millionenaufwand wieder aufgebaut. Neben dem gotischen Prachtbau der mittelalterlichen Junggesellenbruderschaft stehen *Roland* und *Rathaus* – auch diese Bauten sind Relikte der deutschen Herrschaft. *Di–So 10–17 Uhr | Ratslaukums 7 | melngalvjunams.lv*

OKKUPATIONSMUSEUM (OKUPĀCIJAS MUZEJS)

Die Geschichte des lettischen Volkes während der deutschen Besatzung und der Sowjetzeit. Sehr anschaulich und eindrücklich dargestellt. Eine dunkle, aber notwendige Erinnerungsarbeit – und wichtig auch für jeden, der die baltischen Länder besser verstehen will. *Tgl. 11–18 Uhr | Eintritt frei, Spende erbeten | eigentlich mitten in der Altstadt gegenüber dem Schwarzhäupterhaus, wegen Umbaus z. Z. Raiņa bulvāris 7 | occupationmuseum.lv | 2 h*

PETRIKIRCHE (PĒTERBAZNĪCA)

Rīgas höchste und schönste Kirche wurde erstmals 1209, damals als Holzbau, erwähnt. Der metallene Turm, 1973 fertig gestellt und 123,5 m hoch, prägt die Stadtansicht. Ungewöhnlich für eine Kirche, wo man sonst enge Treppen hinaufhecheln muss: Ein Lift schnurrt 72 m hinauf zur zweiten Galerie, von wo man Altstadt, Ostsee und die Daugava fest im Blick hat. *Di–So 10–17.15 Uhr | Skārņu 19 | peterbaznica.riga.lv*

DOM ST. MARIEN (DOMA BAZNĪCA)

Die größte Kirche des Baltikums entstand als Auftragswerk des Rīgaer Stadtgründers Bischof Albert (sein Denkmal steht im Domhof). Schon den Grundstein ließ Albert 1211, der geplanten gewaltigen Ausmaße von St. Marien wegen, vorsorglich außerhalb der Stadtmauer legen. Allein der Rohbau mit 2 m dicken Mauern kostete 50 Jahre, und auch danach wurde so viel an der Kathedrale herumgebaut, dass ihre Architektur drei Epochen vereint: Romanik, Gotik und schließlich Barock, aus dem ein Teil der prachtvollen Ausstattung stammt. Ein grandioses Meisterwerk ist die *Walcker-Orgel* von 1884, mit 6718 Pfeifen eine der größten und klangschönsten der Welt. *Di–Fr 13–18, Sa 10–14 Uhr | Orgelkonzerte Mi und Fr 19 Uhr | Tel. 67 21 32 13 | doms.lv | 1 h*

DREI BRÜDER (TRĪS BRĀĻI)

Geschwister sind diese drei Giebelhäuser eigentlich nicht. Auch wenn sie sich so schön aneinander lehnen – sie entstanden zu ganz verschiedenen Zeiten. Das Haus Nr. 17 mit dem gotischen Stufengiebel ganz rechts stammt aus dem 15. Jh. und ist sozusagen der „große Bruder", es gilt als

Rīgas ältestes Wohnhaus. Der gelbe Giebel in der Mitte dagegen trägt Züge holländischen Barocks und die Jahreszahl 1646. Der Bruder Nr. 19 links stammt aus dem 18. Jh., hier ist das lettische *Architekturmuseum (Mo–Fr 9–17 Uhr | archmuseum.lv)* untergebracht. *Mazā Pils 17–21*

SCHLOSS (RĪGAS PILS)

Erbaut um 1330, mehrmals zerstört und wieder aufgebaut, zuletzt im Jahr 1515. Der *Heiliggeistturm* und die nördliche *Schlossmauer* sind die ältesten erhaltenen Teile. Im 18. und 19. Jh. wurde es in größerem Stil umgebaut. Heute ist das Schloss der Sitz des Staatspräsidenten und des lettischen *Nationalmuseums (Mi–So 11–17 Uhr | history-museum.lv)*. Außerdem residieren hier auch noch das *Museum für ausländische Kunst* und das *Museum für Literatur, Theater und Musik. Pils laukums 3*

FREIHEITSDENKMAL (BRĪVĪBAS PIEMINEKLIS)

Nationales Wahrzeichen und große Eröffnung der Altstadt. Drei goldene Sterne reckt „Milda", die anmutige Mädchengestalt, auf ihrer 42 m hohen Säule dem Himmel entgegen. Sie symbolisieren die Provinzen Latgale, Kurzeme und Vidzeme – Lettlands nationale Einheit. Den Sowjets war das 1935 errichtete Monument mit der Aufschrift *Tevzemei un Brīvībai* („Für Vaterland und Freiheit") ein Dorn im Auge, doch es anzurühren, wagten sie nicht. Eine stündlich wechselnde Ehrenwache schützt heute die Würde des Orts. *Brīvības bulvāris*

JÜDISCHES MUSEUM (MUZEJS EBREJI LATVIJĀ)

Von den einst 44 000 jüdischen Bürgern Rīgas überlebten nur 175 den Holocaust. Der Historiker Margers Westermanis, selbst Überlebender, hat eindrucksvoll das Leben der Juden in Lettland dokumentiert. *So–Do 12–17 Uhr | Eintritt frei | Skolas 6 | jewish museum.lv | 1 h*

JUGENDSTILVIERTEL ★

In Rīgas Neustadt entstanden während des Wirtschaftsbooms Anfang des 20. Jhs. die meisten der fast 800 berühmten Jugendstilhäuser. Lettische und russische Architekten, allen voran Michail Eisenstein, schufen in der Euphorie der *Nationalen Romantik* ganze Straßenzüge in operettenhafter Pracht. Die schönsten Belle-Epoque-Bauten stehen in der *Alberta (2–13)*, der *Elizabetes (10 b, 33)*, der *Audēju (7–11)* und der *Strēlnieku (4 a)*. Auch die Altstadt besitzt herrliche Jugendstilhäuser, in der *Skārņu (1–3, 6–10)* und *Šķūņu (10, 12)*. Das *Rīga Art Nouveau Centre (Di–So 10–18 Uhr | Alberta 12 | jugendstils.riga.lv)* bietet Ausstellungen und Veranstaltungen rund um den Jugendstil.

MOSKAUER VORSTADT (MASKAVAS FORŠTATE)

Hinter dem Hauptbahnhof, beidseits der *Gogola iela,* wandelt sich das Stadtbild: Altrussische Häuser säumen die Straßen, alles wirkt ein bisschen nostalgisch. Hier lebten seit alters her die russischen und viele jüdische Kaufleute und Bewohner Rīgas. Dominiert wird der Stadtteil

Erschütterndes Mahnmal: Jeder Name steht für ein jüdisches Leben, das die Nazis auslöschten

von der *Lettischen Akademie der Wissenschaften* im Zuckerbäckerstil der Stalinära. Gut für dich: Der Akademie kannst du per schnellem *Aufzug (April–Nov. tgl. 10–22 Uhr | 6 Euro | panoramariga.lv)* 65 m hoch aufs Dach gleiten und Rīgas Straßen aus neuer Perspektive anschauen, u.a. auch die nahen *Zeppelinhallen*.

Die klassizistische *Jesuskirche (Jezus lut. baznīca)* ist das größte hölzerne Gebäude im Baltikum. Eine beeindruckende *Gedenkstätte (Rīgas Geto Musejs | tgl. 10–18 Uhr | Maskavas iela 14a, Zugang Krasta iela | rgm.lv)* im restaurierten Speicherviertel erinnert an die fast 30000 Rīgaer Juden, die hier von den Nazis im Herbst 1941 in einem Ghetto zusammengetrieben und anschließend in den Wäldern außerhalb der Stadt erschossen wurden. Ein bedeutender Ort der Altgläubigen ist die *Grebenschtschikow-Kirche (Grebenščikova baznīca)* in der *M. krasta iela. Gottesdienste tgl. 8 und 17 Uhr*

INSIDER-TIPP
Den Opfern ein Gesicht geben

NATIONALBIBLIOTHEK (NACIONĀLĀ BIBLIOTĒKĀ)

Eine der schönsten neuen Bibliotheken. Prunkstück: Der Daina-Schrank, mit dem Krišjānis Barons den Grundstein legte für die Sammlung der lettischen Volkslieder. Tolles Panorama vom 12. Stock. Schöner Shop. *Mo–Fr 9–20, Sa/So 10–17 Uhr | Mūkusalas iela 3 | lnb.lv*

PĀRDAUGAVA

Am westlichen Ufer der Daugava liegt ein spannendes Rīga – mit wilden Parks, dem Botanischen Garten, Wolkenkratzern, verwitterten Gründerzeitvillen, Plattenbauten und fast 2000

Ultrahip: In restaurierten Holzhäusern des Kalnciema Kvartāls trifft sich Rīgas Szenevolk

Holzhäusern, so viele wie in keiner anderen europäischen Stadt. Architekten wie Pēteris Blūms stritten seit den 1990ern für eine Rettung der vielen vernachlässigten Holzhäuser. Inzwischen tragen auch viele Neubauten eine Holzfassade. Die Unesco schloss 1997 die Holzarchitektur sogar in das Weltkulturerbe Rīga ein.

Ein besonders gelungenes Beispiel ist das *Kalnciema Kvartāls (kalnciemaiela.lv)*. Die Brüder Kārlis und Mārtiņš Dambergs machten aus 23 vergammelten Bretterbuden wieder Perlen klassizistischer Holzhausarchitektur.

INSIDER-TIPP
Für dich soll's rote Äpfel regnen

Der von Lampions beleuchtete Innenhof mit Apfelbäumen ist Rīgas romantischster Ort an Sommerabenden und gut besuchter Treff der kreativen Szene. Mittwochs ist *Street Food Festival (ab 18 Uhr)*, donnerstags gibt es *Gratiskonzerte (ab 18 Uhr)*, samstagmorgens *Bauernmarkt (ab 10 Uhr)*. Das *Hofrestaurant Māja* ist bekannt seinen *Plov* mit Suchtgefahr. Die Brüder übernahmen auch den wunderbaren täglichen *Agenskalns-Markt*. Um beide Märkte und entlang der *Nometņu iela* gibt es schöne kleine Cafés, z. B. das *Ciemakukulis (ciemakukulis.lv)* und Bistros, etwa *Fazenda (fazenda.lv)* oder *Lokāls Veldze (Facebook: LokalsVeldze)*. Von der Altstadt *(Hauptbahnhof, Schützenplatz)* fährt die Tramlinie 10 nach Pārdaugava, Haltestelle *Kalnciema iela*.

ESSEN & TRINKEN

RESTAURANT 3

Wenn du nur ein tolles Lokal in Rīga ausprobieren kannst, sollte es dieses sein. Modern, schick, cool, mit spannender Philosphie: Es werden fast nur Zutaten verwendet, die industriefrei entstanden sind, mit entsprechenden Zertifikaten. Und beim Zubereiten wird jeder Teil verwendet, also nichts weggeworfen. *Kalēju iela 3 | Tel. 26 66 00 60 | restaurant3.lv | €€–€€€*

KAĻĶU VĀRTI

Dieses Edelrestaurant mit angeschlossenem Nachtclub in der Altstadt ist eine Rīgaer Institution. Nicht vor dem Nachtisch aufs Tanzbein hören und in den Club wechseln: Chefköchin Inga Cīrules Leidenschaft sind die Desserts. Nebenan im Bistro isst du ein bisschen günstiger. Im Sommer mit Biergarten auf dem stimmungsvollen Livenplatz. Und: In lauen Nächten wird der Club auf die Dachterrasse erweitert. *Kaļķu 11 a | Tel. 67 21 25 75 | kalkuvarti.lv | €€–€€€*

INSIDER-TIPP
Nachts aufs Dach steigen

FAZENDA BAZARS

Als wäre Rīga ein Dorf in der Bretagne: Lettische Wohlfühlküche in behaglichem Landhausambiente. Eigene Bäckerei mit bestem Käsekuchen. *Baznicas 14 | Tel. 28 00 22 79 | fazenda.lv | €€*

MIIT-CAFE

Hier bestellt man Espresso und mietet anschließend ein Citybike: Der hippe Laden ist Café und Fahrradverleih zugleich. Vegetarische Speisekarte, guter Kaffee! *Lačplēša 10 | miit.lv | €*

ROCKET BEAN ROASTERY

Dieser Duft! Durch die Glaswand schaut man beim Rösten zu. Das große Bistro im unverputzt-hippen Look ist ein Paradies für Kaffeefans. Auch leckeres Essen. *Miera iela 29–31 | Tel. 20 21 51 20 | rocketbeanroastery.com | €€*

VALMIERMUIŽA

Leckere lettische Küche (z. B. geräucherter Schweinebauch) gibt es in der „Bierküche". Das gemütliche Lokal gehört der gleichnamigen Edelbrauerei. Neben eigenen werden alle lettischen Craft-Biere ausgeschenkt. Natürlich gibt's die edlen Blonden und Dunklen abgefüllt in Flaschen auch zum Mitnehmen. *Aristīda Briāna iela 9 a | Tel. 20 26 42 69 | valmiermuiza.lv | €–€€*

SHOPPEN

In der Altstadt reiht sich eine Boutique an die andere, besonders feine Läden haben sich in der *Torna iela* angesiedelt. Die Edel-Labels der Modeszene residieren in der eleganten *Elizabetes iela.* Zum trendigen Einkaufsviertel für Designermode, Schmuck und Kosmetik mauserte sich die neustädtische *Tērbates iela* samt ihrer Nebenstraßen.

ZENTRALMARKT (CENTRALTĪRGUS) ☂

Berge von (Bio-)Gemüse und Obst, Brot und Gebäck in zahllosen Sorten, Fleisch, Butter, Blumen, Gewürze, Honig, Wolle, Fisch von Aal bis zum typischen Neunauge: Der Zentralmarkt in den riesigen alten Zeppelinhangars am Bahnhof ist der Bauch der Stadt. Absolutes Pflichtprogramm, nicht nur zum Einkaufen! *Tgl. 8–18 Uhr | Pragas 1 | rct.lv*

BERGA BAZĀRS

Modeboutiquen, Buchläden und Weinhandlung, Cafés und Kneipen rings um das 5-Sterne-Hotel *Bergs* in den eleganten Arkaden eines stilvoll restaurierten Gründerzeitkomplexes. Auch Bioprodukte und Slowfood. *Marijas 13 | bergabazars.lv*

AGENSKALNS-MARKT

Die entspannte Alternative zum großen Zentralmarkt auf der anderen Flussseite. *Tgl. 7.30–19 Uhr | Nometņu iela 64 | Facebook: Āgenskalna tirgus*

SPORT & WELLNESS

BALTA PIRTS

Traditionell mit Holzofen beheizte Sauna – so entspannen auch die Locals. Dazu Massagen, Pool und ein gemütliches Café. *Tgl. 8–21 Uhr | ab 15 Euro | Tallinas iela 71 | Tel. 67 27 17 33 | baltapirts.lv*

LIDO

Man nennt das wohl Erlebnisgastronomie: Die größte Lido-Filiale bietet alle möglichen Spiele für Kinder und die beste Eislaufbahn Rīgas. Für die Eltern gibt's ein *Brew Pub. Krasta 76 | Tel. 67 50 44 20 | lido.lv | €–€€*

MEŽAPARK

Familienspaß XXL im Rīgaer Waldpark am See Ķīš: Frisbee-Golf, Seilgarten, BMX-Trasse, lange Jogging- und Skaterwege, Badeplatz mit Bootverleih, Zoo, viele kostenlose Events und das mächtige Stadion der Sängerfeste. Im Winter Langlaufloipen und Eisbahn. *Meža prospekts*

AUSGEHEN & FEIERN

BALZAMBARS

Kein Rīga-Besuch ohne den *Rīgas Melnais Balzams*, den lettischen Kräuterbitter. In der gemütlichen Kellerkneipe in den so genannten Jakobsbaracken lässt sich's auch ordentlich speisen. *Mo–Do 11–23, Fr 11–2, Sa 12–2, So 12–17 Uhr | Torņa 4 | balzambars.lv*

LETTISCHE NATIONALOPER (LATVIJAS OPERA)

Klassikstars wie Elīna Garanča, Andris Nelsons, Kristine Opolais begannen hier Weltkarrieren, auch Tanzgott Mikhail Baryshnikov. Das prachtvolle Haus kannst du auch bei Führungen (auf Engl.) in Augenschein nehmen. *Aspazijas 3 | Tel. 67 07 37 77 | opera.lv*

FOLKKLUBS ALA PAGRABS

Im urigen Kellerverließ hilft Rīgas freundlichster Service bei der Wahl zwischen 30 Bieren vom Fass. Die Post-Folk-Bands bringen auch Tanzmuffel dazu, lettisch zu tanzen. Energienachschub liefert Hausmannskost wie Graue Erbsen mit Speck. *Tgl. 10–21 Uhr | Peldu 19 | folkklubs.lv*

SKYLINE BAR

Kein Geheimtipp mehr, aber der Blick von den Sofas im 26. Stock des Latvija-Hotels ist unschlagbar. Gute Cocktailkarte mit lokalem Touch und asiatische Snacks. *Tgl. 10–21 Uhr | Elizabetes 55 | skylinebar.lv*

KAŅEPES

Alternativclub, Konzerthalle, Bar, Bistro, Kino. Vor allem ein Ort, um entspannt

Passender Rahmen für ein Stranderlebnis der eleganten Art: Jūrmala, Lettlands Riviera

unter Locals eine gute Zeit zu haben. *Tgl. 10–21 Uhr | Skolas 15 | kanepes.lv*

LABIETIS BREWPUB

Reinheitsgebot? Langweilig. In die 40 Biere kommt Schafgarbe, Mädesüß oder Moosbeere. Dazu Indierock. *Tgl. 10–21 Uhr | Aristīda Briāna 9 a-2 | labie tis.lv*

RUND UM RĪGA

6 JŪRMALA

22 km/25 min von Rīga bis Ortsteil Majori (Auto)

Vor den Toren Rīgas liegt Jūrmala (56 000 Ew.). Das Städtchen, zusammengewürfelt aus mehreren, ineinander übergehenden Teilen, wurde Ende des 19. Jhs. von den Rīgaern als eleganter Kur- und Badeort entdeckt. Feinsandiger, 30 km langer Strand, flaches Wasser und eine lange Flaniermeile machen den heutigen Reiz aus. Und die verspielten Holzhäuser. Russische Touristen geben hier im Sommer den Ton an. Der *Līvu Akvparks (Mo–Fr 12–22, Sa/So 10–22 Uhr | Eintritt für 2 Std. 20,50–23,50, Kinder 16–18 Euro | Viestura 24 | akvaparks.lv)* ist eine Meer-Alternative für Schlechtwettertage: Im größten und modernsten Spaßbad Lettlands gibt es von der Sauna über den Gegenstrompool bis zu Tornadorutschen etwas für jedes Alter. F9

7 VAKARBUĻĻU-STRAND

22 km/35 min von Rīga (Auto)

Die echte Alternative zu Jūrmala. Keine Beach Clubs, kaum Urlauber. Dafür

Etwas für Abenteurer ist die Besteigung des Turms von St. Johannes in Cēsis

viel schöner und bewachter Ostseestrand, Dünen und Wald am Rand von Rīga. *F9*

8 ETHNOGRAFISCHES FREILICHT-MUSEUM (ETNOGRĀFISKAIS BRĪVDABAS MUZEJS)

15 km/35 min von Rīga (Auto)

Alt-Lettland auf 100 ha: Über 100 Gebäude aus allen Provinzen des Landes wurden hier auf einem Areal am Juglas-See zusammengetragen: Bauernhöfe, hölzerne Bockwindmühlen, ein ganzes Fischerdörfchen, eine Kirche sogar. Im *Museumsladen* gibt's traditionelles Kunstgewerbe. Ein toller Spaziergang für einen halben Tag. Mit großem Parkplatz. *Tgl. 10–17 Uhr | Brīvības 440 | auch mit Bus Nr. 1 erreichbar | brivdabasmuzejs.lv | G9*

CĒSIS

(H8–9) **Mitten im herrlichen Nationalpark der Gauja liegt eine der ältesten Städte Lettlands: ★ Cēsis (17 000 Ew.).**

Ringgassen, Kaufmannshäuser, gotische Giebel und über allem eine trutzige Ordensburg – vieles sieht immer noch so aus wie in der Hansestadt Wenden vor 500 Jahren. Oder besser gesagt: Vieles sieht wieder so aus, denn eine ganze Reihe abgeblätterter Fassaden – wenn auch nicht alle – wurden schon wieder auf Vordermann gebracht. Sogar die Brauerei stammt aus grauer Vorzeit – es ist die älteste des Baltikums. Das hiesige Bier gibt's in jedem lettischen Supermarkt zu kaufen.

SIGHTSEEING

ST.-JOHANNES-KIRCHE (SVĒTĀ JĀŅA BAZNĪCA) & ZENTRUM

Die gotische Kirche entstand 1282–97 als heilige Stätte der Schwertbrüder. Sie war schon recht heruntergekommen und wurde jetzt aufwendig restauriert. Stapf auch unbedingt auf den Turm hinauf. Für zwei Euro gibt's oben eine schöne Aussicht auf Stadt, Burg und Gauja-Tal. Aber Nerven mitbringen: Die Treppe ist teils ziemlich steil und abenteuerlich! Sehens- wie hörenswert: die Orgel von 1906, gebaut vom Schöpfer der Domorgel von

Rīga. *Mitte Mai–Okt. tgl. 10–19 Uhr | Skolas 8*

BURGKOMPLEX (CĒSU PILS KOMPLEKSS)

Kein staubtrockener Lehrtafelrundgang, sondern Mitmachzeitreise. Mit Kerzenlampion kletterst du die engen Treppen der *Ordensburg (Mūra pils)* von 1209 hoch, die Guides spielen echte Schwertbrüder (die Stadt und Burg gründeten), überall auf dem parkartigen Burggelände werden mittelalterliche Spiele und Handwerke sowie Gartenbau vorgeführt, Mitmachen erwünscht. Schweden, Russen, Polen griffen die Burg erfolglos an, bis Ivan der Schreckliche (1577) seinem Namen gerecht wurde.

Im neogotischen *Neuen Schloss (Jaunā pils)* lernst du interaktiv im *Museum für Kunst und Geschichte* die Stadtgeschichte kennen und bestaunt prachtvollen Biedermeier. Schöner Blick vom Turm. *Mai–Sept. Burg tgl., Museum u. Ausstellungshalle Mai–Sept. Di–Fr, So 10–18, Sa bis 20 Uhr, Okt.–April Di–So 10–18 Uhr | Eintritt 8, im Winter 5 Euro | cesupils.lv*

ESSEN & TRINKEN

JĀŅOGA

Wellness für den Gaumen, frisch zubereitet, spektakulär präsentiert und auch noch günstig. Hier gibt's auch die fürs Baltikum so typische, an heißen Sommertagen fantastisch schmeckende kalte Rote-Beete-Suppe mit Kefir. *Valmieras iela 21a | Tel. 28 30 92 98 | Facebook: JanogaCesis |* €€

KAFE PRIEDE

Das nette, kleine Lokal erwacht erst im Sommer so richtig zum Leben, wenn es eine große Terrasse direkt am Hauptplatz aufbaut, dem *Rožu laukums.* Dann gibt es Cocktails (auch alkoholfreie), Biere, schön servierte Burger, klassische Gerichte und auch leckeren Kaffee. Die tolle Atmosphäre von Cēsis ist inklusive. *Rīgas iela 27 | Tel. 27 21 27 27 | Facebook: Kafe Priede | €–€€*

KĀRĻAMUIŽA

Forelle aus dem eigenen Teich und Gemüse aus dem Garten – schnörkellos gut, wunderbare Gastgeber. Schönes Herrenhaus, etwa 10 km von Cēsis entfernt im Gauja-Nationalpark in absolut ruhiger Lage – einfach himmlisch! *Kārļi | Tel. 26 16 52 98 | karlamuiza.lv | €€–€€€*

SHOPPEN

SENO ROTU KALVE

Silberschmied Daumants Kalniņš fertigt in seiner Werkstatt am Neuen Schloss filigranen Schmuck nach uraltem lettgallischen Vorbild. *Di–So 10–17 Uhr | Pils laukums 9 | cesupils.lv*

SPORT & SPASS

BOB FAHREN

Die rasante Fahrt im Viererbob schüttelt euch so richtig schön durch. Piloten sind ehemalige Weltklassefahrer. *Mai–Sept. (auf Rädern), Nov.–Mitte März Sa/So 12–17 Uhr | 10 Euro | bobtrase.lv*

Fleißarbeit: Die Burg von Turaida wird seit über 60 Jahren Stückchen für Stückchen restauriert

EŽI ACTIVE TOURISM CENTRE

Die freundlichen Outdoor-Spezialisten Eži in Valmiera verleihen Kanus, Zelte, Fahrräder und haben massenhaft Tipps für den Nationalpark. Auf englischsprachige Ausländer sind sie bestens eingestellt. Und sie schippern mit euch bei geführten Gruppen-Kanutrails auf der wunderschönen Gauja herum. *Lenču 7a | Tel. 64 10 72 63 | ezi.lv*

INSIDER-TIPP
Gauja-Kapitäne nur für euch

RUND UM CĒSIS

9 GAUJA-NATIONALPARK

33 km/35 min von Cēsis bis zum Besucherparkplatz Līgatne (Auto)

Wie eine Bewertung mit 11 von 10 Sternen: Die Waldlandschaft des Gauja-Urstromtals steht in Lettland im Rang eines nationalen Naturheiligtums. Im *Gaujas Nacionālais Parks* lassen sich viele markierte Wanderwege und Lehrpfade zu großen und kleinen Touren kombinieren, entlang der Gauja gibt es außerdem 18 Campingplätze, etwa *Kempings Apalkalns (apalkalns.lv)*. Reizvolle Ausflugsziele sind z. B. die roten Sandsteinfelsen, das steile Massiv der sogenannten Teufelsferse *(Sietiņ iezis)* nordwestlich von Cēsis. Auf ihrem Weg durch die bis zu 85 m tiefe Schlucht sammelt die Gauja das Wasser von 13 Nebenflüssen. Detaillierte Infos und Karten gibt's im *Besucherzentrum des Nationalparks (tgl. 10–18 Uhr | Sigulda | Leona Paegles iela 3–5 | Tel. 28 31 83 18 | entergauja.com)*. G–H 8–9

10 SIGULDA ★

37 km/35 min von Cēsis (Auto)

Die quirlige Kleinstadt ist das touristische Zentrum des Nationalparks. Die

Gauja schneidet sich hier besonders tief in die Sandsteinfelsen und spülte an ihren Ufern Lettlands schönste und größte Höhlen aus: die Große Teufelshöhle *(Lielā Velnala)*, die Viktorhöhle *(Viktorala)* und die mythenumwobene, 20 m tiefe Gutmanshöhle *(Gūtmaņa ala)*, ein paar hundert Meter außerhalb des Ortskerns auf der anderen Gaujaseite in Richtung Burg Turaida. Landesweit berühmt ist Sigulda wegen seiner Burgen, die wie Zinnen die Talschlucht säumen: *Turaida* und *Krimulda*. Die Bischofsburg Turaida thronte seit 1213 über der Gauja, bis sie im Großen Nordischen Krieg zerstört wurde. 1953 begann man, sie detailgetreu aufzubauen. Vom 30 m hohen Burgfried aus hast du einen Traumblick über den mit 917 km² größten Nationalpark des Baltikums. Noch spektakulärer ist nur die Aussicht aus der Seilbahn, die von Sigulda zur etwas schlichteren Burg Krimulda hinüberfährt. Wer es rasanter mag, nimmt den Sommer-Bob hinunter und fährt mit der Seilbahn wieder hoch. In der Stadt selbst sind das Neue Schloss und die alte Ordensburg einen Spaziergang wert. Äußerst lecker isst es sich im *Stirna & Avocado (Krišjāņa Valdemāra iela 2 | Tel. 25 77 77 65 | stirnaavocado.lv | €–€€)* und im *Aparjods (Ventas iela 1 a | Tel. 67 972 230 | aparjods.lv | €€–€€€)*. *G9*

11 AERODIUM

40 km/40 min von Cēsis (Auto)

Wie Superman durch die Lüfte sausen dank vertikaler Windkanaltunneltechnik aus Lettland. In der Anlage fliegst du bis 10 m hoch. Dauert nur zwei Minuten – ist aber ein Erlebnis für die Ewigkeit. Mit Vorbereitung muss man gut eine Stunde rechnen, Vorkenntnisse sind nicht erforderlich. *Mo–Fr 13–20, Sa/So 10–20 Uhr | 2 Flüge 49, 4 Flüge 69, 8 Flüge – verteilbar auf 4 Familienmitglieder 149 Euro | an der A2 kurz vor Sigulda | aerodium.lv | G9*

12 UNGURMUIŽA

15 km/15 min von Cēsis (Auto)

Im wunderbar barocken Holzherrenhaus von 1732 sind Originalfresken im Inneren erhalten. Die Lage des früheren baltendeutschen Anwesens (deutscher Name: „Gutshof Orellen") im schicken, ruhigen Park rundet den Traum von einem Anwesen ab. Die seenreiche Umgebung macht das Bild perfekt. Du kannst im hauseigenen Restaurant *(Mo geschl. | €€)* auch gut essen. Jeden Sommer gibt's klassische Konzerte unter freiem Himmel.

Mai–Sept. Di–Sa 10–18, So 10–16, Okt.–April Di–So 10–16 Uhr | Eintritt 4 Euro | Tel. 22 00 73 32 | ungurmuiza.lv | *🕮 H8*

13 SAJŪTU PARK

34 km/25 min von Cēsis (Auto)

Ein Hochseilgarten nahe Valmiera in wunderbarer Lage am Steilufer der Gauja, über die du gleich viermal am Seil hängend saust. Sicher mit Technik made in Switzerland! Guter Schwierigkeitsgrad auch für Kinder. Dazu ein Barfußpfad, ein Netzwürfel und ein Strand. *Tgl. 9–18 Uhr | 12 Euro/3 h, Kinder 8 Euro/3 h | Jāņa Daliņa iela 2 | sajutuparks.lv |* *🕮 H8*

DAUGAVPILS

(🕮 K12) **Lettlands zweitgrößte ★ Stadt (92 000 Ew.) war schon immer allein wegen ihrer Lage im „wilden Osten" des Landes eine Reise wert. Aber seit einigen Jahren wuchert man mit einem ganz besonderen Pfund: Mark Rothko und das zugehörige Museum mit exklusiven Werken.**

Die kleine Innenstadt, die vier Kirchen, die Zarenfestung und die gute Ausgangslage für Ausflüge in die herrliche Natur schnüren ein sehr ordentliches Gesamtpaket.

SIGHTSEEING

FUSSGÄNGERZONE & ZENTRUM

Sehenswert sind in Daugavpils auch die klassizistischen und eklektizistischen Gebäude in der Fußgängerzone *Rīgas iela* sowie die Jugendstilhäuser und die neogotischen Backsteinbauten in der *Saules iela*. Für einen gemütlichen Abendspaziergang mit Einkehr in eines der Cafés, in Kneipen und Restaurants allemal mehr als in Ordnung. Übrigens: Auf den Straßen wirst du fast nur Russisch hören, auch wenn die Straßenschilder auf Lettisch sind. Hier in Ostlettland ist das ganz normal.

HÜGEL DER VIER KIRCHEN

Jeweils nur einen kräftigen Steinwurf voneinander entfernt stehen vier sehr unterschiedliche Kirchen: die *evangelische (18. novembra iela 66 | Aussichtsplattform im Turm tgl. 10–18, Winterhalbjahr nur So 10–12 Uhr)*, die *russisch-orthodoxe (Tautas iela 2)*, die *katholische (Andreja Pumpura iela 11 a)* und – ein wenig kleiner und geheimnisvoller – die Kirche der streng konservativen *Altgläubigen (Puškina iela 16 a)*. Steckt hier eure Köpfe mal diskret hinein – ihr werdet augenblicklich in eine andere Welt gebeamt.

INSIDER-TIPP
Seltene Einblicke bei den Altgläubigen

ZARENFESTUNG (DAUGAVPILS CIETOKSNIS)

Das hat was: Eine Stadt in der Stadt! Die Zarenfestung aus dem 19. Jh. ist so authentisch erhalten wie keine ihrer Art in Nordeuropa. Du kannst zwischen den Kasernen und Wohngebäuden ganz normal Auto fahren. Besonders beeindruckend: das restaurierte Tor zur Festung samt Holz-

Ein ehrwürdiger Rahmen für die moderne Kunst des Mark Rothko: die alte Zarenfestung

brücke über den Burggraben. *Immer geöffnet | Daugavas iela 38 | 1 h*

ROTHKO-MUSEUM (MARKA ROTKO MĀKSLAS CENTRS)

Der Künstler, der 1903 als Marcus Rothkowitz im heutigen Daugavpils geboren wurde, emigrierte mit seiner Familie in die USA. Dort hieß er Mark Rothko und setzte in seinen Gemälden gern knallbunte Rechtecke zusammen – damit traf er den Nerv des Kunstmarkts. Dann machte es „Boom", und seine Werke sind heute Vermögen wert. Sechs Originale sind der große Stolz des Mark-Rothko-Kunstzentrums auf dem Gelände der Zarenfestung. Auch hochkarätige Konferenzen und Tagungen werden hier abgehalten. *So, Di 11–17, Mi–Sa 11–19 Uhr | Eintritt 10 Euro | Mihaila iela 3 | rothkocenter.com | 1–2 h*

ESSEN & TRINKEN

GUBERNATORS

Gemütlich-rustikales Kellerlokal im Stadtzentrum, eingerichtet mit viel Holz und allen möglichen Utensilien – Steuerräder von Schiffen, Pokale, alte Bilder. Gute Portionen deftigen, regionalen Essens. *Lāčplēša iela 10 | Tel. 65 42 24 55 | gubernators.lv | €€*

ART HUB

Sehr stilvolles und romantisches Restaurant auf wirklich hohem Niveau in der kleinen Fußgängerzone der Rīgas iela. Die Gastgeber bemühen sich, der traditionellen osteuropäischen Küche einen modernen und kreativen Touch zu geben. Abends auch schön für einen Wein oder einen Drink – regelmäßig mit Livemusik. *Rīgas iela 54 | Tel. 25 45 45 40 | arthub.lv | €€–€€€*

Der Star unter den katholischen Kirchen des Nordostens: die Basilika von Aglona

SPORT & SPASS

TARZANPARK (TARZĀNS)

Dieser Kletterpark ist richtig klasse – Ausstattung und auch Lage im Kiefernwald sind top. Perfekt nicht nur, aber auch für Familien. Sogar für kleine Kinder unter 6 Jahren gibt es Krabbelstrecken. *Tgl. 10–20 Uhr | Dzintaru iela 74 | Tel. 27 00 69 35 | daugavpils.tarzans.lv*

RUND UM DAUGAVPILS

14 DAUGAVA-SCHLEIFEN (DAUGAVAS LOKI)

17 km/20 min von Daugavpils zum Aussichtsturm Daugavas loki (Auto)

In insgesamt acht Schleifen windet sich die Daugava zwischen Krāslava und Daugavpils durch das von ihr geformte Urstromtal, vorbei an Findlingen und malerischen Steilhängen. Ganz besonders schön zu sehen ist das alles vom *Aussichtsturm* (dem Schild „Daugavas loki" folgen). *Aktīva atpūta Latgalē (Tel. 25 35 95 89 | atputalatgale.com)* in Krāslava, 45 min östlich von Daugavpils, verleiht Boote und organisiert Paddeltouren auf der 64 km langen Strecke. Die Übernachtung auf den ausgewiesenen Naturcampingplätzen ist umsonst. *K–L12*

15 LATGALER SEENPLATTE

60 km/1 h von Daugavpils bis zum Drīdza-See (Auto)

Lettgallen nennt man nicht umsonst auch das *Land der Blauen Seen*, es ist ein gemachtes Nest für Angler und Wassersportler. Einige der fast 1000 Seen sind miteinander verbunden. Eine schöne Paddeltour *(Kajak bis 3 Pers. 20 Euro/Tag, Zelt 5 Euro/Tag, 50 Euro Rücktransport | Start am Campingplatz Drīži | Tel. 29 14 60 34 | latvia-outdoor.eu)* führt in zwei Tagen vom tiefsten See *Drīdza* (65 m), einem beliebten Nistplatz für Wasservögel, durch drei weitere Seen zum *Jasinka-See* (ca. 10 km). *L11–12*

16 RĀZNA-NATIONALPARK

100 km/1 h30 min von Daugavpils (Auto)

Je eine Extraportion Entschleunigung und Naturerlebnis stehen im *Rāzna-Nationalpark (razna.lv)* rund um den gleichnamigen See auf dem Besucherprogramm. Der Nationalpark ist ein hügeliges Paradies mit uralten Eichenwäldern nordöstlich von Daugava. Angler haben eher Augen für die 27 Fischarten hier. Im Winter drängen sich bis zu 1000 Eisfischer auf dem zugefrorenen See.

Die Leute vom *Erholungskomplex Rāzna (razna.lv)* verleihen Angelzubehör, Kajaks und Räder. Sie kennen die besten Angelplätze. Von dort starten auch gute Wander- und Reitwege. 🕮 L11

17 LUDZA

130 km/2 h von Daugavpils (Auto)

Du musst jetzt nicht stundenlange Umwege machen, um Ludza gesehen zu haben, aber schau vorbei, wenn du nicht allzu weit entfernt bist: Es ist die letzte wirkliche Station vor Russland. Die E22 führt von dort geradewegs durch bis nach Moskau. Die gigantischen Brummistaus, an denen man als Pkw vorbeigleiten durfte bis zur Grenze, sind Vergangenheit, aber die Luft der großen, weiten, östlichen Ferne weht hier noch.

Wirf einen Blick auf die Ruinen der *Ordensburg*, aber geh vor allem ins *Handwerkszentrum (Ludzas Amatnieku Centrs | Tālavijas iela 27 a | ludzasamatnieki.lv)* des Städtchens. Dort kannst du zuschauen, wie getöpfert wird, nach Absprache selbst Hand anlegen, vor allem aber hervorragende authentische Souvenirs mit nach Hause nehmen, die noch richtig lange Freude machen. Auch Stickereien und andere Handarbeiten.

Und im *Kafejnīca Kristīne (Latgales iela 121)* direkt am Hauptplatz gibt's unkompliziert etwas für den kleinen oder den größeren Hunger zwischendurch. 🕮 L-M10

18 AGLONA

52 km/50 min von Daugavpils (Auto)

Aglona ist so etwas wie das lettische Altötting. Oder Lourdes. Zu seiner strahlend weißen *Basilika,* die zum örtlichen Dominikanerkloster gehört, pilgern alljährlich Zehntausende am 15. August zu Mariä Himmelfahrt. Nicht wegen der idyllischen Lage zwischen zwei Seen, sondern der heilenden und spirituellen Wirkung der *Agloner Muttergottes* (17. Jh.) wegen. Dieses Gemälde soll schon einige Wunder vollbracht haben, und seinetwegen ist das Gotteshaus eins von acht internationalen Heiligtümern der Katholiken. 2018 hielt Papst Franziskus hier eine Messe, genau 25 Jahre nach Johannes Paul II. 🕮 K11

SCHÖNER SCHLAFEN IN LETTLAND

MEINE HERREN!

Lettland ist gespickt mit faszinierenden Herrenhäusern – von ruiniert bis hochelegant. Zu Letzteren gehört die *Lūznavas muižā (Pils iela 8 | Lūznava | Tel. 28 68 68 63 | luznavasmuiza.lv | €€)* mit wunderbarem Park voller Nussbäume, Wildrosen und Zedern am ostlettischen Rāzna-See. Was vor einiger Zeit noch eine Grundschule war, erstrahlt in frischem Jugendstilglanz. Es gibt gerade einmal drei Gästezimmer.

ESTLAND

NORDISCHE NATUR UND KÜSTE SATT

In der estnischen Natur wirkt alles nordischer, Nadelwälder prägen die Landschaft und riesige Hochmoore, in denen die Elche regieren. Die Menschen fühlen sich stark Finnland verbunden, das gleich gegenüber auf der anderen Seite des „Teichs" beginnt – oder des „Westmeers", wie man die Ostsee hier nennt.

Estland ist die kleinste der drei ohnehin kleinen baltischen Staaten, aber die zerklüftete Küste bringt es auf stolze 3800 km Länge. Sand-

Traumland: Stilles Grün, sanftes Meer, Holzhäuser, Findlinge. Getaucht in nördliches Licht

strände, von Kiefernwäldern gesäumt, Kalksandkliffe, einsame Inseln. Ein Gesamtkunstwerk baltischer Küstennatur.
Welch ein Kontrast zur ebenfalls herausragend schönen Hauptstadt Tallinn mit ihren Kopfsteinpflastergassen, mit spitzgiebeligen Kaufmannshäusern, gotischen Kirchtürmen, hansisch-mittelalterlich geprägt und meisterhaft restauriert. All das ist so typisch estnisch wie die Sängerfeste und die Kornblumen im Mai.

MARCO POLO HIGHLIGHTS

★ **PÄRNU**
Estlands „Sommerhauptstadt“: Baden in einer der schönsten Buchten des Baltikums ➤ S. 100

★ **SOOMAA-NATIONALPARK**
Flüsse, Seen und Hochmoore: die Wanderstiefel schnüren im Schutzgebiet ➤ S. 102

★ **SAAREMAA**
Estlands größte Insel – und ihre Nachbarin Hiiumaa – ist urwüchsig, naturbelassen, Erholung in Reinform ➤ S. 103

★ **ALTSTADT TALLINN MIT DOMBERG**
Der mittelalterliche Stadtkern von Tallinn hat zwei Etagen – aber was für welche! ➤ S. 107

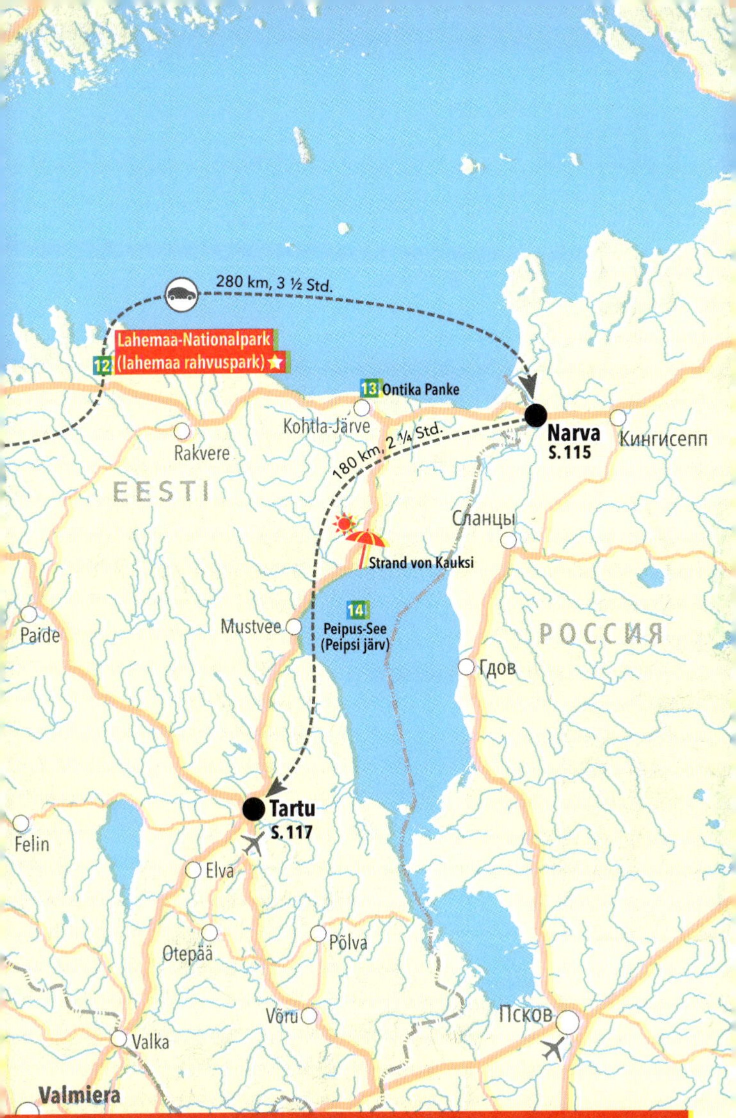

★ **KALAMAJA**
Das Holzhausviertel von Tallinn mit der *Teeliskivi-Kulturfabrik* wurde zum coolen Hipster- und Kneipen-Quartier ➤ S. 109

★ **KUNSTMUSEUM KUMU**
Hingucker im sonst historischen Tallinn: die größte Kunstsammlung des Baltikums im futuristischen Bau ➤ S. 110

★ **LAHEMAA-NATIONALPARK**
Traumbuchten und Stege durchs Moor ➤ S. 114

PÄRNU

(📖 G6) **Immer Mitte Juni bekommt der Bürgermeister oder die Bürgermeisterin des früheren ★ Pernau vom Tallinner Amtskollegen einen symbolischen Schlüssel überreicht.** Damit avanciert das Seebad Pärnu (41 000 Einwohner) für einige Wochen bis Ende August zu Estlands offizieller „Sommerhauptstadt". Chillen am breiten, kilometerlangen und windgeschützt gelegenen Strand, spazieren zwischen schicken Holzfassaden, dazu satt essen und trinken in der schnuckeligen Altstadt!

SIGHTSEEING

ALTSTADT (KUNINGA)

Die kleine, im Sommer heftig bevölkerte Altstadt drängt sich auf einer Halbinsel zwischen Strand und Pärnu-Fluss. Haupteinkaufsstraße ist die *Rüütli,* wo du zwischen hübschen Holzhäusern, Geschäften und Cafés schön bummeln kannst und auch die Touristeninformation sowie das *Stadtmuseum (Di–So 10–18 Uhr | 8 Euro für alle Ausstellungen | Aida 3 | parnumuuseum.ee)* findest, interessant für Archäologiefans. Die schönsten Gebäude sind: das *Mohrsche Haus (Rüütli 21)* mit dem Hufeisen in der Fassade, der *Rote Turm (Punane Torn)* als Rest der mittelalterlichen Stadtmauer und das klassizistische *Rathaus (Raekoda)* mit seiner schönen Tür und Jugendstilanbau an der Ecke Uus/Nikolaistraße. Am westlichen Eingang der Kuninga ist das *Tallinner Tor (Tallinna Värav)* als einziges erhaltenes Stadttor von der Befestigungsanlage aus dem 17. Jh. bis heute standhaft geblieben.

MUSEUM FÜR MODERNE KUNST (PÄRNU UUE KUNSTI MUUSEUM)

So hat auch noch die alte kommunistische Parteizentrale eine vernünftige Verwendung gefunden: Sie ist jetzt ein Kunstzentrum, das auch noch den schönen Spitznamen „Chaplin" trägt. Außer zeitgenössischen Wechselausstellungen gibt's noch etwas für die Shoppingseele: das vielleicht beste Souvenirgeschäft von Pärnu. Ein Filmfestival wird auch alljährlich organisiert. *Juni–Aug. tgl. 9–21, im Winter 9–19 Uhr | 4 Euro | Esplanaadi 10 | mona.ee | ⏲ 1 h*

INSIDER-TIPP
Mitbringsel voller Kultur

KIRCHEN

Eine der schönsten Barockkirchen Estlands ist die 1768 geweihte russisch-orthodoxe Katharinenkirche *(Katariina kirik | Mo–Fr 11–18, Sa/So 9–18 Uhr | Vee 8).* In der Nähe steht die protestantische Elisabethkirche (1747), gewidmet ebenfalls einer Zarin, nämlich Elisabeth II. Es lohnt sich, der wunderbaren Barockorgel bei einem kleinen Konzert zu lauschen. *Mo–Sa 12–18, So 10–13 Uhr | Eliisabeti kirik, Nikolai 22*

ESSEN & TRINKEN

NOOT

Wie wäre es mit mal frisch gefangener Flunder in Vanille-Blumenkohl-Sekt-Soße? Hier trifft man sich zum fine dining mit Ökoprodukten aus der Region. *A. H. Tammsaare pst 4 a/6 | Tel. 4 40 10 17 | spaestonia.ee | €€€*

MON AMI
Eine kleine Perle, nicht nur für Pärnu. Gemütlich, ruhig und sehr freundlich. Auch hervorragende vegane und vegetarische Optionen. Exzellenter Kaffee und für abends Spitzencocktails. *Kuninga 11 | Tel. 58 66 99 90 | Facebook: restoranmonami | €€*

SUPELSAKSAD
Wunderbares Vintage-Café-Restaurant in einem Holzhaus, mit altem Kamin und Samtsofas. Leckerer Zander und Torten zum Niederknien. *Nikolai 32 | Tel. 4 42 24 48 | supelsaksad.ee | €*

SPORT & SPASS

FAHRRADVERLEIH BALTREISEN
Organisiert auch geführte Touren (Rad & Kanu) in Pärnu und Umgebung, z. B. eine zweistündige Stadttour mit einheimischem Guide *(Anmeldung nötig)*. Für Touren auf eigene Faust gibt es zum Leihrad gute Routentipps und Karten. Tolle Website auf Deutsch. *Tgl. 10–20 Uhr (Juni–Okt.) | Rüütli 21/Nikolai 9 (im Hof) | Tel. 56 96 97 60 | baltreisen.ee*

WASSERPARK TERVISEPARADIIS
Eine Riesenanlage mit dem vollen Programm – alles, was du für einen Fun-Nachmittag mit Kind und Kegel brauchst: bis zu 85 m lange Rutschen zum Beispiel, Kleinkinderpool, Kletterwand im Wasser, Wasserfälle und vieles mehr. *Juni–Dez. tgl. 10–22, Jan.–Mai 11–22 Uhr | ab 14 Euro/3 Std., 20 Euro mit Sauna (Wochenende 22 Euro) | Side 14 | tervise paradiis.ee*

Pärnus Altstadt kann nicht nur schnuckelig. Wo es offiziell wird, ist auch mal prachtvoll drin

STRAND

Pärnus 3 km langer Strand, südlich der Altstadt gelegen und von Parks, einer Promenade und historischen Kureinrichtungen gesäumt, ist sauber und feinsandig, perfekt für Familien. Weitere Strände schließen sich südlich an: Auch im 6 km entfernten *Valgerand,* in *Kabli* und *Matsiraand* lässt es sich prima baden. Ein Abschnitt mitten im Ort ist Frauen vorbehalten!

AUSGEHEN & FEIERN

Entlang der Ranna-Straße und in der Altstadt buhlen im Sommer Diskos und Clubs ums Publikum. Einfach immer dem Ohr folgen, etwa zum *Sunset Club (Ranna 3),* zum *Ööklubi Sugar (Vee tn. 10)* oder in die *Aptek (Rüütli 40),* dem stilvollsten Club in der ältesten Apotheke.

KONZERTHAUS

Estlands modernstes Konzerthaus bietet im Sommer allabendlich ein frisches Programm. Auch eine Besichtigungstour hinter die Kulissen ist möglich. *Aida 4 | Tel. 4 45 58 10 | concert.ee*

RUND UM PÄRNU

1 SOOMAA-NATIONALPARK ★

40 km/35 min von Pärnu bis Zufahrt Nationalpark nahe Riisa (Auto)

Land unter in Soomaa – und alle sind glücklich. Während der Schneeschmelze steht alles unter Wasser und macht aus den 370 km² Nationalpark mit Seen, Flüssen, Mooren, Wäldern eine Zauberwelt. Und man fragt sich, was die felligen Anwohner, Marderhund, Luchs, Braunbär, Elch, Wolf, wohl dann tun. Im Rest des Jahres kann man im Reservat wandern, durchs Moor stapfen mit *Bogshoes,* paddeln oder einfach die Natur genießen. Wer lieber trockene Schuhe mag: Einige schöne Wege auf Holzstegen durchs Moor wurden auch eingerichtet. Das Infozentrum *(Tel. 4 35 71 64 | kaitsealad.ee, visitsoomaa.com)* liegt mitten im Wald hinter dem Dorf *Tipu.* Dies ist der perfekte Ausgangspunkt für jede Tour. Auf der Wiese beim Infozentrum darfst du übrigens kostenlos über Nacht campieren, ob mit Zelt, Anhänger oder Wohnmobil. Frisches Wasser, Feuerstellen und Trockentoilette sind vorhanden. Durchgangsverkehr gibt's hier keinen.

INSIDER-TIPP: Gratis-Camping am Wald

Das Ökotourismus-Zentrum *Soomaa.com* mitten im kleinen Nationalpark hält jeden, der sportlich und willig ist, das ganze Jahr über mit einem großen Aktivprogramm auf Trab – von Kanutrails bis zu Workshops zum Einbaum-Bau. Du kannst aber auch einfach nur ein Kajak, Fahrrad oder sonstiges Gefährt leihen und selbst auf Tour gehen. Darüber hinaus sind ordentliche Gästezimmer und sogar Holzhäuser zur Übernachtung mitten in der Wildnis im Programm. *Tel. 5 06 18 96 | Saarisoo | soomaa.com |* *G–H 5–6*

Augen auf im Soomaa-Nationalpark! Nicht, dass du Luchs, Adler und Co. verpasst

2 KIHNU

40 km/40 min von Pärnu bis zum Hafen Munelaid (Auto), dann per Fähre

Dröhnende Frauenpower begrüßt die Tagesausflügler am Fähranleger von Kihnu (ausgesprochen in etwa Kichnu): Alte Insulanerinnen in Volkstracht – dicken, gestreiften Röcken – donnern auf wuchtigen Beiwagenmaschinen vorbei. Auf der Insel, von knapp 400 Menschen bewohnt, fahren mehr als 100 Motorräder. Und hier werden original Kihnu-Pullover von Hand gefertigt. Es gibt nur drei Dörfer und kein Hotel, aber ein kleines Restaurant, das öffnet, falls jemand doch Hunger bekommen sollte. Am Munelaid-Hafen (mit Busverbindung aus Pärnu) legt die Fähre *(erstes Schiff nach Kihnu Mo–Sa 8.30, So 10 Uhr, letztes Schiff zurück tgl. 19 Uhr | ab 4 Euro pro Fahrt | veeteed.com)* ab. Einmal die Woche fährt sogar eine Fähre direkt von Pärnu bis Kihnu, die aktuell mittwochs um 12.45 Uhr ablegt. *(📖 F6)*

SAAREMAA

(📖 C–E 5–7) **Zerklüftete Buchten, von Kiefernwald gesäumt, Sandstrände und wildromantische Kliffe, Wacholderheiden, Schotterwege statt Asphalt. Auf ★ ⚑ Saaremaa (früher Ösel), der größten der rund 1500 estnischen Inseln, ist alles noch ein bisschen urwüchsiger, noch einsamer als auf dem Festland.** Obwohl gerade im Sommer, und ganz besonders zum Wochenende, viele erholungshungrige Esten aufs Eiland strömen. Schön aussichtsreich ist schon die Anreise mit der modernen Autofähre *(2 Personen und PKW*

14,40 Euro, mit Wohnmobil kaum teurer | praamid.ee), die das Städtchen Virtsu im Zweistundentakt mit der vorgelagerten Insel Muhu verbindet, von der ein schmaler Damm hinüber nach Saaremaa führt.

ZIELE AUF SAAREMAA

3 WINDMÜHLEN

Noch fünf von einst 800 Getreidemühlen haben überlebt. Vier sind aktiv und zu einem Museum zusammengefasst beim Dorf Angla. Kauf ein Ticket, stapf ein wenig von Mühle zu Mühle und wirf hier und da einen Blick hinein. Natürlich wird auch Brot gebacken. *anglatuulik.eu* | *D5*

4 KAALI-METEORITENKRATER

Mitten auf der Insel hat's eingeschlagen vor siebeneinhalbtausend Jahren, und zwar heftig. Geblieben ist ein mit Wasser gefüllter, tiefer Krater, um dessen oberen Rand du schön im Grünen herumwandern kannst. Ein kleines *Museum* samt Souvenirshop gehört auch dazu. Im gleichnamigen Dörfchen, nicht zu verfehlen. *kaali.kylastuskeskus.ee* | *D6*

5 KURESSAARE

Die gemütliche, sympathische – und im Sommer durchaus auch geschäftige – Inselhauptstadt (13 600 Ew.) wird von der mächtigen, würfelförmigen *Bischofsburg (Kuressaare linnus)* aus dem 14. Jh. dominiert. Im Original erhalten ist das auf massiven Pfeilern ruhende Kreuzgewölbe des alten Refektoriums. Im Inneren bewahrt das *Saaremaa-Museum (Mai–Aug. tgl., sonst Mi–So 10–18 Uhr | 10 Euro | saaremaamuuseum.ee)* die Burg-, Stadt- und Inselgeschichte. Aber auch ohne Lust auf Museum kannst du draußen lange übers weit-

Klein & heimelig: Kuressaares Stadtkern verdient mehr als nur eine Kaffeepause

läufige Burggelände turnen und immer wieder auch schöne Aussichten auf Meer und Co. genießen. Schlendre auch durch den Stadtkern mit kleiner Fußgängerzone und ein paar schönen Häuschen, gemütlichen Cafés und Restaurants. Super sind z. B. die *Fresh Cafe & Smoothie Bar (Kohtu 1 | €-€€)* und die *Vinoteek Restoran Prelude (Lossi 4 | prelude.ee | €€€).* *D6*

6 MIHKLI-BAUERNMUSEUM

Das Haus musste nicht erst umgebaut werden: Möbel und Gegenstände aus acht Generationen wurden einfach aufbewahrt. *Mai–Aug. tgl. 10–18, Sept./Okt. Mi–So 10–18 Uhr | 4 Euro | im Dorf Viki kurz vor Kihelkonna | saaremaamuuseum.ee | C6*

7 SUURIKU-KLIPPE

Die raue Seite Saaremaas. Vom 20 m hohen Kliff im Nordwesten der Insel hast du einen Premiumblick auf die alles umflutende Ostsee. Nahe der Steilküste gibt's einen netten Ferienhof am See mit Blockhütten, *das Pidula Forell (Kallaste | Tel. 56 21 37 43 | pidulaforell.ee)*, mit großem Aktivangebot von Paddeln über Angeln bis zum Tauchausflug ans Meer, auf Anfrage auch für Nichtgäste. Der See besitzt sogar Heilwasserqualität – sagen zumindest die Einheimischen. *C5*

INSIDER-TIPP
Action am Meer

8 LEUCHTTURM SÕRVE

Der zweitälteste Leuchtturm Estlands (estnisch: Sõrve tuletorn) am südlichsten Zipfel der Insel, direkt am Wasser, ist 53 m hoch und beschert euch einen weiten Blick von oben auf Insel und Meer. In direkter Umgebung gibt's noch vier weitere Türme. Besonders schön: *Kiipsare tuletorn* und *Vilsandi tuletorn* auf einem direkt vorgelagerten Inselchen. *Mai–Sept. 10–19 Uhr | Sääre Küla | sorvekeskus.ee | C7*

ESSEN & TRINKEN

GEORG OTS SPA RESTAURANT (GOSPA)

So geht Restaurant heute: frische Zutaten vom nahen Bauernhof, raffiniert zubereitet, aber ohne Schnickschnack. Kindermenü, Craft Beer, Ösel Gin von der Insel. *Tori 2 | Tel. 4 55 00 00 | gospa.ee | €€*

SHOPPEN

Wacholderbäume überall. Selbst beim Absacker trifft man auf sie: im kultigen *Ösel Dry Gin*. Gutes Mitbringsel. Erhältlich direkt in der Brennerei *Lahhentagge (Veski 9 | lahhentagge.com)* im ältesten Speicherhaus Kuressaares.

SPORT & SPASS

KITESURFEN

Bei *Lohesurf* könnt ihr auf der Insel Kitesurfen lernen – mit nettem und lockerem Personal und natürlich auch auf Englisch. Nach vorheriger Absprache werdet ihr überall auf der Insel von eurer Unterkunft abgeholt und am Abend wieder zurückgebracht. Das Equipment wird gestellt. *lohesurf.eu/en*

Wer ihren Leuchtturm Kopu erklimmt, verschafft sich Überblick über Hiiumaa

RUND UM SAAREMAA

9 HIIUMAA

20 km/1 h von Triigi auf Saaremaa nach Sõru in Süd-Hiiumaa (Fähre)

Saaremaas Nachbarinsel, die zweitgrößte Estlands (1023 km², 9300 Ew.), war einst von schwedischen Bauern besiedelt. Zu Zeiten der Hanse war Hiiumaa auch als Piratennest berüchtigt. Alles lange vorbei. Zwei Drittel der wildromantischen Insel sind bewaldet, der Rest: Moore, Wacholderheiden, Dünen. Noch einsamer, noch ursprünglicher als Saaremaa – und besonders in der Hauptferienzeit deutlich ruhiger. Sehenswert: das Dörfchen Kassari und der 37 m hohe Leuchtturm Kopu, ältestes Leuchtfeuer des Baltikums. Auf jeden Fall den Aufstieg wagen, die Aussicht ist grandios.

Herrlich sind auch die Naturstell- und Campingplätze in landschaftlicher Traumlage mit Trockentoilette und Feuerstellen samt Brennholz. Alle Standorte findest Du unter *loodusegakoos.ee/where-to-go (auf „Campsite" klicken, dann als Ort „Hiiumaa" auswählen).* Und das Beste: Du musst nicht hin- und zurückschippern, denn Hiiumaa ist nicht nur per Fähre mit Saaremaa verbunden, sondern auch mit dem Festland in der Nähe von Haapsalu mit seiner großen Burg, von wo es wiederum nur gut 100 km nach Tallinn sind. Perfekt für eine Inselrundfahrt. *Alle Fähren veeteed.com* | *D–E 4–5*

STRAND

In Kuressaare liegt ein Sandstrand hinter der Bischofsburg. Einsame, raue Buchten säumen die Pammana-Halbinsel nordwestlich von Leisi. Besonders schön und feinsandig ist dort der Tukhana-Strand an der Westseite der Halbinsel.

AUSGEHEN & FEIERN

VAEKODA

Dieser populäre und urgemütliche Pub residiert in einem historischen Wiegehaus aus dem Jahr 1666. Auch warme Speisen. *Tgl. ab 10 Uhr | Tallinna 3 | Kuressaare | vaekoda.ee*

TALLINN

(𝕄 G3) **Tallinn ist ein lebendes, quirliges Schauspiel, Wohnzimmer der Boheme und Labor der digitalen Zukunft – eine von skandinavischem Flair durchwehte Metropole (440 000 Ew.), in der Mittelalter und Moderne miteinander verschmelzen, als spielte die Geschichte mit der Gegenwart Versteck.**

In den winkligen Gassen des früheren Reval spaziert ihr wie durch ein Freilichtmuseum historischer Baukunst, schaut auf zu den akribisch restaurierten Fassaden gotischer Kaufmannshäuser, den Giebeln, den Türmen, den wehrhaften Mauern. 700 Jahre Architekturgeschichte stehen hier wie zusammengewürfelt in ⚑ *Vanalinn*, wie die Altstadt im Original heißt – da hatte die Unesco natürlich keine Wahl und musste Platz auf ihrer Liste machen! Rings um den Rathausmarkt geht es im Sommer reichlich touristisch zu zwischen all den Kunsthandwerksläden, Souvenirständen und Straßencafés. Entspannter ist etwa Kalamaja mit viel Hipster-Charme. Ausführliche Informationen auch im MARCO POLO „Tallinn".

WOHIN ZUERST?

Freiheitsplatz (Vadabuse väljak): Zentraler Ausgangspunkt ist der belebte Freiheitsplatz am südlichen Rand der Altstadt. Von hier aus lässt sich das Wichtigste zu Fuß erreichen. Die meisten Buslinien und Straßenbahnen führen dort vorbei *(Haltestelle Vadabuse väljak)*. Mit dem Auto rechtzeitig außerhalb der Altstadt parken.

SIGHTSEEING

ALTSTADT TALLINN MIT DOMBERG ★

Tallinns Altstadt *(Vanalinn)* ist zweigeteilt. Der Domberg *(Toompea)* im Südwesten gilt als ursprünglicher Stadtkern. Hier, um die alte Ordensburg und die Domkirche herum, richteten sich Adel und Klerus häuslich ein, schauten sozusagen herab auf die hansischen Kaufleute und Handwerker in der Unterstadt. Oben saß die Macht, unten das Geschäft. Und beide Teile von Vanalinn haben bis heute ihren ganz eigenen Charakter bewahrt, gehen aber über steile Gässchen nahtlos ineinander über.

Auf Tallinns Domberg – Wahrzeichen der Stadt – lag in grauer Vorzeit eine altestnische Siedlung, bevor erst die Dänen, dann die deutschen Ritter darauf eine Burg errichteten. Die wichtigste Sehenswürdigkeit des Bergs ist der *Lange Hermann (Pikk Hermann)*, größter erhaltener Turm der alten Burg (13. Jh.). Teile der Anlage wichen dem *Schloss* Katharinas II., in dem heute das estnische Parlament *(Riigikogu | Lossi plats 1a)* tagt. Gegenüber steht ein weiteres markantes Bauwerk aus der Zarenzeit: die orthodoxe *Alexander-Newski-Kathedrale (Alexander-Nevski-katedraal | tgl. 8–19 Uhr)*, die gegen Ende des 19. Jhs. gebaut wurde. Älter noch (13. Jh.) ist die *Dom-*

kirche (Toom kirik | Di–So 9–16 Uhr | Toomkooli 6), eines der frühesten Gotteshäuser Estlands. Das Highlight des Bergs ist aber natürlich trotzdem die grandiose Aussicht auf die Unterstadt, den Rest Tallinns außerhalb der Stadtmauern, den Hafen und das Meer.
Was die Straßen der Unterstadt angeht: Einfach nur schlendern, bummeln und bewundern. Die deutschen Gilden der Kaufleute und Handwerker bestimmten früher die Geschäfte, und das sieht man bis heute. Zwei der schönsten: Das *Haus der Großen Gilde (Suurgildi hoone | Pikk 17)* von 1410 mit Museum. Das *Schwarzhäupterhaus (Mustpeade vennaskonna maja | Pikk 26)* war eine Art Singlebörse, denn dort versammelten sich die ledigen Kaufleute.

RATHAUS & RATHAUSPLATZ (RAEKODA & RAEKOJA PLATS)

Der Rathausplatz ist damals wie heute Schnittpunkt des städtischen Lebens. Im Sommer wird unter freiem Himmel gefeiert, Cafés stellen Tische ins Freie. Das Gebäude selbst ist das einzig erhaltene gotische Rathaus (1402) des Baltikums. Ganz oben über dem achteckigen Turm auf der Ostseite bewacht der *Alte Thomas*, eine Wetterfahne, die Stadt. Eine kurze Besichtigung des prachtvollen Inneren aus der Hansezeit solltest du dir nicht entgehen lassen. Ebenfalls hübsch-nostalgisch: die *Ratsapotheke (Raeapteek | Raekoja plats 11 | raeapteek.ee/de)*.

NIKOLAIKIRCHE (NIGULISTE KIRIK)

Den spätgotischen Bau (13. Jh.) spendierten westfälische Kaufleute, Nikolaus ist Schutzpatron der Kaufleute und Seefahrer. Heute ist es ein Museum, dessen Prunkstücke eine besondere Verbindung zu Lübeck zeigen: Eine Replika des Lübecker Totentanzes – ein Altarbild, und der Hochaltar aus Lübeck, mit der ältesten erhaltenen Lübecker Stadtansicht. *Mi–So 10–17 Uhr | Niguliste 3 | Führungen auf Englisch, buchbar unter Tel. 6 44 99 03 | ekm.ee*

STADTMAUER (LINNA MÜÜR)

Vom 13. Jh. an wurde die Unterstadt in die Burgbefestigung auf dem Domberg integriert, die Mauer dafür erweitert. Am Ende stand eines der größten Bollwerke des nordeuropäischen Mittelalters: 3 m dick, 16 m hoch, 46 Wehrtürme. Gut die Hälfte des Bauwerks ist erhalten und an mehreren Stellen begehbar *(Nunne-Str.)*. Steig hinauf und schau dir die Altstadtgässchen und Touristenköpfe von oben an. Noch höher hinaus geht's in den Türmen, die schönsten von ihnen: *Kiek in de Kök (Di–So 10–17, Do bis 20 Uhr | ab 10 Euro für alle Türme | Komandandi tee 2 | linnamuuseum.ee/en/kiek-de-kok)* mit unterirdischen Gängen zu weiteren Türmen, *Mägdeturm (Neitsitorn | Lossi plats 11)* und die *Dicke Margarete (Paks Margareeta)* mit *Seefahrtsmuseum (Mai–Sept. tgl. 10–19, Okt.–April Di–So 10–18 Uhr). Stadtmauer und 1–2 Türme mit unterirdischen Gängen 2–3 h*

MEERESMUSEUM (EESTI MEREMUUSEUM)

Moment, schon wieder ein Museum? Ja, aber dieses hier wird dich aus den

Pastell-Power: Bei Sonnenuntergang ist Tallinns Rathausplatz noch malerischer als tagsüber

Socken hauen! Das Estnische Meeresmuseum ist in den alten Hangars des Tallinner Seeflughafens aus der Zarenzeit untergebracht. Historische Flugzeuge und Schiffe, wie das Wrack eines Frachtseglers aus dem 16. Jh. und das 1937 gebaute kolossale U-Boot „Lembit" – weltältestes Kriegsschiff, noch voll funktionstüchtig. Das hängende „Lembit" wurde wunderschön in die riesige Halle integriert und dominiert sie vollkommen. Ihr könnt auch im engen Inneren euer Klaustrophobielevel testen. Für Kinder gibt es schöne Mitmachaktionen. Mit Café und Sommerterrasse. *Di–So 10–19 Uhr | Vesilennuki tee 6 | lennusadam.eu | ⏲ 3 h*

KALAMAJA ★

Das kreative Herz Tallinns schlägt nordöstlich der Altstadt, gleich hinter dem Hauptbahnhof auf der anderen Seite der Gleise im Kalamaja-Viertel, auch Hipsterville genannt. Die früher von Fischern bewohnten Holzhäuser zogen erst Studenten und Weltverbesserer an. Dann kamen nachhaltige Läden, viele gute Cafés und Kneipen sowie Galerien.

In der stillgelegten Werkstatt für Lokomotiven neben dem Bahnhof, *Telliskivi (telliskivi.cc)*, hat sich die alternative Kulturszene angesiedelt. Sie ist gleichzeitig der Treff der Hipster und Startrampe für IT-Unternehmen. Wegen seiner Fassade nennt man das Areal „Ziegelstein" – estn. Telliskivi. Täglich gibt es hier Theateraufführungen, Straßenkunst, Konzerte oder Partys. In den Läden verkaufen junge Modemacher und Kunsthandwerker; es gibt ein Dutzend Kneipen, Restau-

Beeindruckend modern: im Kumu über 7 Stockwerke den Gipfel baltischer Kunst erklimmen

rants und einen täglichen Street Food-Markt. Samstags findest du hier den besten Flohmarkt des Baltikums. Besonders: Die 250 Kunstinitiativen und Unternehmen verpflichten sich zu sozial und ökologisch nachhaltigem Handeln, und Telliskivi kommt ohne jede staatliche Förderung aus. Spaß macht außerdem die moderne Markthalle *Balti Jaama Turg (Kopli 1 | en.astri.ee/bjt)* mit Bauernprodukten, aber auch Läden, Boutiquen, Cafés und Imbissen.

KUNSTMUSEUM KUMU (EESTI KUNSTIMUUSEUM) & KADRIORG

★ ☂ *Kumu* heißt der Hotspot der Tallinner Kulturlandschaft. Schon äußerlich zieht der futuristisch-spitzwinklige Bau, ein Werk des Finnen Pekka Vapaavuori, alle Blicke auf sich. Hinter der Kalksteinfassade birgt das Kunstimuuseum auf sieben Stockwerken und 15 000 m² die größte Kunstsammlung des Baltikums – fast 60 000 Bilder, Grafiken, Plastiken, Drucke. Das *Kumu* steht am Rand des Stadtparks nahe dem Präsidentenpalast. *Mai–Sept. Di–So 10–17, Okt.–April Mi–So 10–17 Uhr | Weizenbergi 34 | kunstimuuseum.ekm.ee/en |* ⏲ *2–3 h*

Und in direkter Nachbarschaft: *Kadriorg* – der alte Zarenpalast mit Blumengarten und Schlosspark – nebenan residiert der estnische Staatspräsident.

ESSEN & TRINKEN

KOMPRESSOR

Wenn der große Hunger kommt, aber kein Loch ins Portemonnaie fressen soll: Leckere Pfannkuchen in XXL-Portionen gibt's supergünstig bei einer der beliebtesten Studentenfutterstellen der Stadt. *Rataskaevu 3 | Tel. 6 46 42 10 | kompressorpub.ee | €*

VEGAN RESTORAN V

Mann, ist das lecker hier. Völlig egal, ob ihr Veganer seid oder nicht. In diesem Lokal werdet ihr begeistert allem Fleischlichen entsagen. Die kleine, kreative Speisekarte ist top, die gemütliche Atmosphäre und das supernette Personal sowieso. *Rataskaevu 12 | Tel. 6 26 90 87 | veganrestoran.ee | €€*

MAIASMOKK

Tallinns ältestes Café (1864) ist eine Institution. Jugendstil trifft Nostalgie. Doch nicht nur die Augen erfreuen sich, sondern Kaffee und Kuchen (an der Theke bestellen, dann Sitzplatz suchen) sind tatsächlich richtig lecker und gar nicht mal so teuer. *Pikk 16 | Tel. 6 46 40 66 | kohvikmaiasmokk.ee | €€*

MUST PUUDEL

Bistro in farbenfrohem Vintage Chic mit gemütlichem Innenhof. Leckere Bruschette und Burger, gute Getränkekarte. *Kuninga 4 | Facebook: Mustpuudel | €€*

PIERRE CHOCOLATERIE

Herrlich altmodisches, sofagemütliches Café im Winkel des Meisterhofs, Schokolade in immer neuen Kreationen, die Marzipantrüffel haben das größte Suchtpotenzial. *Vene 6 | Meistrite Hoov | Tel. 6 41 80 61 | pierre.ee | €€*

INSIDER-TIPP
Süße Drogen en masse

SEIKLUSJUTTE MAALT JA MEERELT

„Abenteuergeschichten von Land und Meer" bedeutet der Name des Lokals. Die Gerichte auf der Speisekarte der urigen Gaststätte sind Abenteuerromanen nachempfunden, probier doch mal „Kapitän Nemos Hühnerfilet". *Tartu 44 | Tel. 6 01 07 63 | Facebook: Sejklusjutte | €€*

BURGER BOX

Einfaches und wirklich günstiges Lokal mitten im Herzen des hippen Stadtteils Kalamaja. Die Burger sind wirklich erstklassig. Dazu gibt es ein paar witzige asiatische Akzente wie Kimchi-Pommes und eine Reihe ungewöhnlicher Gewürze. *Kopli 4 a | Facebook: burgerboxbox | €*

HUMALAKODA

Noch einmal der coole Stadtteil Kalamaja. Hier sitzt es sich abends drinnen wie draußen supergemütlich – egal ob bei einem selbstgebrauten Hausmarkenbier oder einem ganzen Abendessen. Sonntagsbrunch für Ausschläfer von 11–17 Uhr. *Kopli 1 | Tel. 6 99 99 60 | humalakoda.ee | €€*

NOA RESTORAN

Bevorzugt auf offenem Feuer wird hier aus frischen Zutaten innovative Kochkunst. Zum Hauptgang etwa Tintenfisch-Porridge mit in Miso mariniertem Eigelb, die Tinte als Soße. Chillige Stimmung, offene Glasfront zur Ostsee mit Blick auf Tallinns Skyline. *Ranna Tee 3 | Tel. 5 08 05 89 | noaresto.ee | €€€*

SHOPPEN

Haupteinkaufsstraße des modernen Tallinns ist die *Viru*. Größtes Angebot auch an internationalen Modelabels findest du im Einkaufstempel *Viru*

Keskus (tgl. 9–21 Uhr | Viru väljak 4/6 bzw. Gonsiori 2 | virukeskus.com). Entspannter shoppt sich's in den kleinen Läden *Telliskivis.*

BOGAPOTT

Estnische Keramik direkt aus der Werkstatt. Hier kommt nichts vom Fließband. Stattdessen schaut ihr den Töpfern bei der Arbeit auf die Finger. Ein gemütliches Café nebenan ist wie gemacht für eine Pause vom Stadtbummel. *Tgl. 10–18 Uhr | Pikk jalg 9*

EESTI KÄSITÖÖ

Echte, garantiert in Estland handgefertigte Souvenirs, von Leinenkleidung bis Keramik, gibt es in den Läden der Vereinigung der estnischen Kunsthandwerker. *Kaarman* in der Vanaturu kael 8 *(Mo–Sa 11–19, So bis 17 Uhr)* und *Eesti Käsitöö* in der Pikk 22 *(Di–Sa 10–18 Uhr). folkart.ee*

KATHARINENGILDE (KATARIINA GILD)

Gern und geduldig lassen sich die Kunsthandwerkerinnen bei der Arbeit zuschauen, und natürlich ist Kunst hier käuflich: Keramik, Glas, Schmuck, Stoffe, Hüte, laute schöne und originelle Sachen. *Mo-Sa 11–18 Uhr | Vene 12 | katariinagild.eu*

Gleich nebenan setzt sich die Gilde fort: im kopfsteingepflasterten *Meisterhof (Meistrite hoov | Vene 6)* mit kleinen Läden und Souvenirs.

TELLISKIVI LOOMELINNAK

Die „Creative City" ist eine Passage mit inhabergeführten Läden für nachhaltige estnische Produkte. Etwa hochwertige Mode von *Ellen Richard* und *Nordhale*, beide in Estland genäht. Schuhe von *Toku*, Vintage-Fahrräder von *Jooks*, baltisches Design von *Les Petites*, Designerlampen von *Juheko*.

In Tallinns Creative City Telliskivi kauft und isst das Shoppingvolk hip bis nachhaltig

Dazu gibt's ein Bistro im Industrialschick für die Shoppingpause. Die meisten Shops öffnen tgl. ab 11 Uhr. *Telliskivi 60 a | telliskivi.cc*

SPORT & SPASS

CITYBIKE

Tallinns Fahrradprofis! Du kannst Bikes fast aller Art (auch mit Anhänger, Tandems, Kinderräder) ausleihen oder geführte Fahrradtouren durch Tallinn und Umgebung buchen. *Vene 33 | Tel. 5 11 18 19 | citybike.ee*

KALMA SAUN

Kultstätte für eingeschworene Saunierer, sehr authentisch im Holzhausviertel Kalamaja, aber ein paar Straßen abseits vom Hipsterbetrieb. Holzbefeuertes traditionelles Saunahaus von 1928. Sauniert wird hier nach Geschlechtern getrennt oder aber in der Privatsauna, z. B. für Pärchen, mit Wasserbecken und Vorraum mit Sesseln und Sofas. Gönnt euch auf jeden Fall diesen Miniluxus! Trotzdem sehr bezahlbar. *Eintritt Mo–Fr 10, Sa/So 12 Euro, große Privatsauna bis 6 Pers. 20 Euro/Std., kleine bis 2 Pers. 16 Euro/Std. | Vana-Kalamaja 9a | Tel. 6 27 18 11 | kalmasaun.ee*

FK CENTER

Abenteuercenter in Tallinn für mutigere Kinder – aber auch für Eltern, die sich mal wieder einfach austoben wollen. Am beliebtesten ist die 750 m lange Gokartbahn. *Tgl. 10–18 Uhr | 15 Euro, Kinder 13 Euro | Paldiski 229 a | fkkeskus.ee*

MIIAMILLA

Feines Museum nur für die ganz Kleinen. Es gibt alle möglichen Aktivitäten von Weben bis Spielen mit alten Puppen, alles garantiert offline. *Di–Fr 12–18, Sa/So 10–17 Uhr | 4 Euro, Kinder ab drei Jahren 2 Euro, Familienkarte (2 Erw. plus Kinder) 8 Euro | L. Koidula 21c | linnamuuseum.ee*

AUSGEHEN & FEIERN

BOTAANIK

Der Negroni und all die anderen handgemixten und kunstvollen Cocktails in Tallinns bester Bar machen wirklich glücklich. Kleiner Laden, aber tolles Design, und in seiner Klasse vielleicht sogar eine der besten Adressen in Nordeuropa. *Suurtüki 2 | botaanik.ee*

VON KRAHLI TEATER BAAR

Abends oft tolle estnische Livebands, dann trifft sich hier die Musikszene von Alternativ bis Rock. Auch großzügige Portionen für den großen Hunger zwischendurch. *Rataskaevu 10 | Tel. 6 26 90 90 | vonkrahl.ee*

PHILLY JOE'S

Cooler Jazzclub nahe dem Freiheitsplatz, der gerade einmal ein paar Jahre existiert und schon einen kleinen Kultstatus genießt.. Gute Akustik und mitreißende Stimmung bei den zahlreichen und regelmäßigen Live-Abenden. *Vabaduse väljak 10 | phillyjoes.com*

ESTNISCHE NATIONALOPER (RAHVUSOOPER ESTONIA)

Die Esten sind stolz auf ihre Nationaloper und locken auch weltbekannte

Stars in ihr Haus. Oper, Ballett und Performances. *Estonia 4 | Tel. 6 83 12 60 | opera.ee*

PUDEL

Bier, Bier und noch mehr Bier auf zwei Etagen im Szenehotspot Telliskivi. Die estnischen Gebräue gehören zur europäischen Spitze, und dieses ist ihr Tempel. *Telliskivi 60 a | pudel.ee*

RUND UM TALLINN

10 ARVO-PÄRT-ZENTRUM (ARVO PÄRDI KESKUS)

38 km/40 min von Tallinn (Auto)

Noch nie von Arvo Pärt gehört? Auf seinem Gebiet ist der 1935 geborene Este, der seit Langem in Berlin lebt, international seit Jahrzehnten ein echter Star – und in Estland ein Superstar. Kein Wunder also, dass seine Landsleute ihm noch zu Lebzeiten ein Museum widmen. Der meistgespielte klassische Komponist der Gegenwart regte das Projekt selber an, auch als Kultur- und musikalisches Begegnungszentrum. Der wunderbar luftige Holz-Glas-Bau im Wald bei Laulasmaa ist allein schon den Besuch wert, die Ausstellung gelungen. *Mi–So 12–18 Uhr | Kellasalu tee 3 | arvopart.ee | 2 h |* *F3*

11 PALDISKI

50 km/50 min von Tallinn (Auto)

Nur ein paar Kilometer vom Arvo-Pärt-Zentrum entfernt, macht das Hafenstädtchen Paldiski mit seiner Umgebung noch richtig Spaß: Felsen, Steilküste, der 52 m hohe *Pakri-Leuchtturm (Majaka tee 45 | pakrituletorn.ee)* und die beiden vorgelagerten Inseln sind der Stoff, aus dem perfekte Tagesausflüge werden. Eine ausführliche Wanderung entlang der Klippen zum Naturschutzgebiet rund ums Kap Pakri ist absolut obligatorisch. *F3*

12 LAHEMAA-NATIONALPARK (LAHEMAA RAHVUSPARK) ★

80 km/1 h von Tallinn bis zum Besucherzentrum in Palmse (Auto)

Der größte und älteste Nationalpark Estlands umfasst auf 725 km² den schönsten Teil der zerklüfteten Nordküste. Lahemaa heißt Buchtenland. Wie die Finger einer Cartoonfigur ragen die vier großen Halbinseln Pärispea, Käsmu, Vergi und Juminda in die Ostsee hinaus, im Wasser und an Land von zahllosen Findlingen gesäumt. Im Hinterland tiefe Kiefernwälder, Hochmoore, Flüsse und 14 Seen, ein urwüchsiges Stück Natur, von der Eiszeit geformt. Elche leben hier, die scheuen Schwarzstörche, Wölfe und sogar Bären. Beeren gibt es natürlich auch, und im Herbst schwärmen die Tallinner hier aus, um Unmengen an Pilzen zu sammeln. Lahemaa zählt aber nicht nur zu den großen Waldlandschaften Europas, sondern präsentiert dir mit Kolga, Sagadi und Vihuli auch einige der schönsten baltendeutschen Gutshofsensembles. Am bekanntesten ist das meisterhaft restaurierte *Herrenhaus Palmse*, heute mit *Nationalpark-Besucherzentrum (Lahemaa rahvuspargi looduskeskus |*

Kulturoase im wilden Lahemaa-Nationalpark: das spätbarocke Landgut Sagadi

tgl. 9–17 Uhr | lahemaa.ee) im umgebauten Stallgebäude.

Das sehenswerte spätbarocke *Gut Sagadi* 8 km östlich von Palmse beherbergt ein *Waldmuseum (tgl. 10–16 Uhr, Eintritt 3 Euro | Sagadi mõis | sagadi.ee)*. Aber am tollsten sind die einsamen, steinigen Buchten, die kristallklare Luft und die Wege durchs Moor!

In *Viitna* an der Fernstraße nach Tallinn, aber direkt an der Nationalparkgrenze, steht ein riesiges Restaurant aus grob behauenen Baumstämmen – typisch estnische Volksbaukunst, die schon über zwei Jahrhunderte auf dem Buckel hat. Und das Beste: Drinnen kannst du lecker speisen bei *Viitna Kõrts (Tel. 3 23 25 86 81 | viitna.eu | €–€€)*. Neben dem Restaurantteil mit full service gibt's drinnen übrigens auch ein günstigeres Bistro mit Selbstbedienung. Draußen große Terrasse und Spielplatz. *H–J 2–3*

NARVA

(M3) **Wie grimmige Wächter stehen sich in der Stadt im Nordosten der EU zwei mittelalterliche Festungen gegenüber, nur getrennt durch den Narva-Grenzfluss: die estnische Hermannfeste und die Burg Iwangorod auf russischer Seite.**

Sie markieren symbolhaft die Kultur- und Wirtschaftsgrenze zwischen Ost und West. Vom historischen Kern dieser geschichtsträchtigen Stadt ist leider nicht viel erhalten, das alte Narva wurde 1944 in schweren Kämpfen großenteils zerstört. Heute sind 90 Prozent der etwa 57 000 Einwohner Narvas russischsprachig. In keiner anderen Stadt Estlands sind die Folgen der spannungsreichen Geschichte mit dem russischen Nachbarn so spürbar gegenwärtig

SIGHTSEEING

RATHAUS (NARVA RAEKODA)

Erbaut um 1670 im Übergang von Barock und Klassizismus, steht das frühere Rathaus heute als eins der wenigen erhaltenen Gebäude für das alte, im Weltkrieg verbrannte Narva. Es wurde in den 1960er-Jahren nach historischem Vorbild wieder aufgebaut. Acht Wandpilaster zieren die Fassade, von der leider viel Putz und Farbe blättert. *Raekoja platsm*

FESTUNG (HERMANNI LINNUS)

Das trutzige Bauwerk wurde von den Dänen auf-, vom Deutschen Orden und später den Schweden neu designt. Die Ordensritter tauften sie Hermannsfeste. Genützt hat es alles nichts, als Peter der Große 1704 daherkam, der Narva trotz allem eroberte, auch wenn es angeblich eine der am besten gesicherten Festungen Nordeuropas war. Heute birgt das Bauwerk Narvas *Stadtmuseum (narvamuuseum.ee)*. Im Burghof hat das letzte „offizielle" Lenindenkmal des Baltikums Asyl gefunden. Noch immer weist der Sowjetführer mit gestrecktem Arm in Richtung Russland – vielleicht will er auch nur zeigen, wo er sein Portemonnaie verloren hat. Vom Festungsturm aus, *Pikk Hermann* (Langer Hermann) genannt, genießt du einen 1a-Blick ins Grenzland. Nach dem Burgrundgang passt perfekt die Einkehr ins mittelalterlich getrimmte Café-Restaurant *Rondeel (tgl. 12–20 Uhr, im Winter teils nur mittags | Tel. 3 59 92 30 | narvamuuseum.ee | €€)*, im Sommer sitzt es sich schön draußen auf der Terrasse mit Fluss- und Russblick. *Tgl. 10–18 Uhr | Festung und Restaurant: Peterburi 2 | Zugang hinterm Petersplatz | narvamuuseum.ee (mit virtueller Tour) | ⏲ 2 h*

KREENHOLM-FABRIK

Wie die Kulisse aus einem Horrorfilm sitzt der rote Industriepalast auf einer Flussinsel, umtost von Wasserfällen der Narva. Von Bremer Kaufleuten gegründet, war das hier mal eine der weltgrößten Textilfabriken mit 12 000 Arbeitern, eine Stadt für sich. Seit der Pleite 2010 ist es ein Industriedenkmal – selten war ein Bankrott so beeindruckend, jedenfalls für den Betrachter! *Geführte Touren April–Okt. So 12 Uhr | 10 Euro | Joala Tänav 21 | ⏲ 1 h*

ESSEN & TRINKEN

RESTAURANT FRANZIA

Das Hauptgericht schwamm kurz zuvor in der Ostsee, klasse Craft Beer, ganz unestnisch extrovertierter Koch und wirklich ausgezeichnetes Essen. *Koidu 10 | Narva-Jõesuu | Tel. 4 44 00 38 | Facebook: Franziaresto | €€*

RUND UM NARVA

13 ONTIKA PANKE

59 km/50 min von Narva (Auto)

Steiler geht's in Estland nicht: Bis zu 56 m ragt der *Baltische Glint* bei Ontika über der Ostsee auf, hier stürzt auch der Wasserfall *Valaste* ins Meer

(bei Toila östlich von Ontika auf das Schild Valaste Oja achten). Echte Tipps für die nordostestnische Küste. Und wenn ihr euch in der Gegend noch ein bisschen länger herumtreiben wollt, ohne in der Blechkiste zu sitzen: Das *Saka Cliff Hotel & Spa (Saka Mois | Tel. 3 36 49 00 | saka.ee)* auf dem Areal eines restaurierten Gutshofs liegt nahe am Strand und vermietet Fahrräder.
L3

Quadratisch, trutzig, aber für Peter den Großen nicht stark genug: Festung Narva

TARTU

(K6) ★ **Die älteste Stadt des Baltikums (1030 erstmals erwähnt) tritt studentisch-jung, unkonventionell und kreativ auf. Tartu (93 000 Ew.) ist das akademische und historisch-kulturelle Herz Estlands. Klar, dass man hier in gesunder Rivalität zur Handels- und Hauptstadt Tallinn steht.**
Schließlich war die Universität – 1632 von Schwedenkönig Gustav Adolf gegründet – lange die wichtigste im ganzen Baltikum. Tartu verbindet Altes mit Neuem, ist zugleich Sitz des Nationalmuseums und Ideengeber e-Estonias. Moderne Glas- und Stahlgebäude harmonieren mit restaurierten Altbauten von der Hansezeit bis zur Blütephase Ende des 19. Jhs.

SIGHTSEEING

RATHAUS & RATHAUSPLATZ (RAEKODA, RAEKOJA PLATS)

1789 im damals topmodernen Stil des Frühklassizismus gebaut. Vom Turm erklingt täglich zweimal (12 und 18 Uhr) ein Glockenspiel. Die Figuren auf dem Brunnen des Rathausplatzes sagen viel über das Lebensgefühl in Tartu aus: Es sind die „küssenden Studenten" *(Suudlevad tudengid)*. Der trapezförmige Rathausplatz ist ebenfalls klassizistisch gerahmt, ein Haus (Nr. 18) scheint schief zu stehen. Der Eindruck täuscht nicht: Es wurde 1793 auf Pfählen auf sumpfigen Untergrund errichtet. Hier in der recht kleinen Altstadt flanierst du gemütlich ein wenig hin und her.

DOMBERG (TOOMEMÄGI)

Heute Grünanlage mit verschlungenen Pfaden rund um die Ruine der mittelalterlichen *Domkirche (Lossi 25)*. Eine der kleinen Erhebungen ist der „Kussberg" *(Musumägi)*. Wer sich dort küsst, ist laut Sprichwort schon ein halber Tartuer. Kann auf keinen Fall schaden.

SPIELZEUGMUSEUM

Halt die Ohren Steiff: Das Haus zeigt Kuscheliges und Wuscheliges, teils aus dem vorletzten Jahrhundert. Und am Ende der Ausstellungen können die Kinder wirklich spielen – wäre ja sonst auch irgendwie komisch. Außerdem kommt ihr mit den Tickets noch ins *Theaterhaus-Museum (Lutsu 2)* ein paar Gebäude weiter. *Mi–So 11–18 Uhr | 6 Euro, Kinder 5 Euro | Lutsu 8 | mm.ee*

AHHAA SCIENCE CENTER

Ein Traum für neugierige, mutige Kinder und Erwachsene. Mit dem Fahrrad auf einem Drahtseil balancieren oder in einem dunklen Labyrinth Lasern ausweichen: So spannend kann Museum sein. Ein Planetarium (kostet extra) gibt's auch. *So–Do 10–19, Fr/Sa 10–20 Uhr | Eintritt 15 Euro, Familienkarte 35 Euro | Sadama 1 | ahhaa.ee | 2–3 h*

Wer trug wann was: estnische Trachtenparade im Nationalmuseum

NATIONALMUSEUM (EESTI RAHVA MUUSEUM)

Alles über die Esten und ihre Geschichte, sehr interaktiv vermittelt in einem umgebauten Riesenhangar aus der Sowjetzeit. *Di–So 10–18 Uhr | Eintritt 14 Euro | Muuseumi tee 2 | erm.ee | 2 h*

ESSEN & TRINKEN

KREMPEL

Auch Tartu kann hip. Gesunde, saisonale Küche aus frischen Zutaten und ungesund leckere Torten. Durstige, aber bewusst trinkende Reisende bekommen hier heimische Biolimo, Edelespresso oder Craft Beer. *Rüütli 12 | Tel. 4 45 15 10 | Facebook: KrempelKohvik | €–€€*

INSIDER-TIPP
Wo sich Bessertrinker laben

ÜLIKOOLI KOHVIK

Auf zwei Stockwerken eines Jugendstilhauses logiert der Mix aus Café und Restaurant – eins der beliebtesten Studentenlokale, denn man isst hier gut und (im Erdgeschoss) sehr günstig. Und es gehört sogar offiziell zur Uni. *Ülikooli 20 | Tel. 7 37 54 04 | kohvik.ut.ee | €*

PEPE'S BISTRO & SOCIAL CLUB

Regional-saisonal, kreativ und fein wird hier gekocht und aufgetischt: etwa Birkengelee mit Birkenblättern oder Chicken Wings in hausgemachter, weißer BBQ-Sauce. Dazu gibt es hervorragende Weine. *Ülikooli 7 | Tel. 7 44 00 55 | pepes.ee | €€*

SHOPPEN

AMANDA KÄSITÖÖPOOD

Ein ganz besonderer, kleiner Laden mit wunderschönen Stoffen und Textilien aller Art. Man kann auch Maß nehmen und sich ganz persönliche Kleidung schneidern lassen. Für die kalte Jahreszeit gibt es kuschelige Wollsachen. *Di–Fr 10–17, Sa 11–16 Uhr | Rüütli 12 | amanda.ee*

AUSGEHEN & FEIERN

APARAADITEHAS

Tartus Kreativquartier: Im Sowjetindustrieareal ist jede Menge Freiraum für Kreative. Es gibt einen Konzertsaal, Restaurants *(z. B. Aparaat | Tel. 7 30 30 90 | aparaadiresto.ee | €€)*, Café-Bars, kleine Boutiquen und ein *Druckereimuseum*. Im Innenhof Flohmarkt und Sommerkino. *Kastani 42 | aparaaditehas.ee*

GENIALISTIDI KLUBI

Wohnzimmer der studentischen Boheme, Kaffeehaus, Club, Konzerthalle, Theater, Kino. Und beste Gemüseküche der Stadt. *Magasini 5 | genklubi.ee*

PÜSSIROHU KELDER

In den Schießpulverkeller von 1778 gehen Touris und Studis wegen der derben Kost auf dem Teller und auf der Konzertbühne. Aber die historische und im besten Sinn unterirdische Atmosphäre macht natürlich auch richtig Spaß. *Lossi 28 | Tel. 7 30 35 55 | pyss.ee*

RUND UM TARTU

14 PEIPUS-SEE (PEIPSI JÄRV)

60 km/45 min von Tartu bis Mustvee (Auto)

Ganz alleine sein mit der Natur an einem gigantischen Gewässer, das knapp siebenmal so groß ist wie der Bodensee. Menschenleere Strände und Dünenparadiese. Nicht ohne GPS rudern, am Ostufer strandet man in Russland. Der Ökotourismusverband *(Tartu 26 | Tel. 7 72 67 40)*, der auch Zimmer vermittelt, liegt in *Mustvee*. Richtig toll ist noch ein Stück weiter nördlich der Strand von Kauksi (gut zu erreichen über die Straße 3).

K–L 4–6

SCHÖNER SCHLAFEN IN ESTLAND

LASS DEIN HAAR HERUNTER!

Eine kultigere, romantischere Übernachtung wirst du in ganz Estland nicht finden: Das herrlich altmodische 56 m²-Apartment *Rapunzel Tower (Pikk 62 | Tel. 56 20 06 93 | rapunzeltower.eu | €€–€€€)* liegt in einem der Türme der Tallinner Stadtmauer. Kamin, Holzdielen und kleiner Balkon.

ERLEBNIS TOUREN

Lust, die Besonderheiten der Region zu entdecken? Dann sind die Erlebnistouren genau das Richtige für dich! Ganz einfach wird es mit der MARCO POLO Touren-App: Die Tour über den QR-Code aufs Smartphone laden – und auch offline die perfekte Orientierung haben.

1 AUF DEM KUREN-RADWEG AN LITAUENS BERNSTEINKÜSTE

➤ Durch aromatische Kiefernwälder zu den Dünen radeln
➤ Auf dem komfortabelsten Radweg des Baltikums rollen
➤ Den Hexenberg mit seinen lustigen Fabelwesen überwinden

Start: Palanga
Ziel: Nida/Kurische Nehrung
Strecke: 100 km
Dauer: 2 Tage, reine Fahrtzeit 7 Stunden

Kosten: Bernsteinmuseum Palanga 2,50, Unterkunft Klaipėda ab 50, Fähre zur Nehrung 1, Bus 5 Euro
Mitnehmen: Badesachen, Mücken- und Sonnenschutz,

Nicht überall darf die Dünenlandschaft der Kurischen Nehrung betreten werden

> ℹ Fahrradverleih in Palanga: **Bikehouse** *(ca. 10 Euro/Tag | S. Daukanto 10a | Tel. 69 61 00 10 | dviraciunuomapalangoje.lt)*
> Rückfahrt per Bus: Von Nida bis Klaipėda nehmen *Toks (meist tgl. z. B. 15.15 Uhr)* oder *Kautra* Räder mit (Rad bei Buchung unbedingt angeben). Bis Palanga sind es dann noch 26 km auf dem Rad. Businfo und -tickets: *autobusubilietai.lt* (auf Fahrradsymbol achten).
> Helm ist ratsam, wenn auch in Litauen keine Pflicht.

BERNSTEINE GUCKEN & SCHLEIFEN

TAG 1

① Palanga

10 km

Die Radtour startet in ① **Palanga** ➤ S. 67, Litauens quirliger Sommerhauptstadt. Ehe du dich nach einem guten Frühstück aufs Rad schwingst, besuchst du noch das alte **Schloss** des Grafen Tiškevičius mit Europas größter **Bernsteinsammlung**. Nach dem Ausflug in die Prähistorie erlebst du nebenan, wie Litauens Bernsteinjuweliere den Sonnenstein in filigranen Schmuck verwandeln. In der Meistergilde **Gintaro dirbtuve** *(Tel. 682 69139 | Vytauto 21)* gibt's Führungen (auf Englisch) durch die Werkstätten. Nur Mut, leg selbst Hand

② Nimerseta

5 km

③ Plažė-See

3,5 km

④ Karklė

15 km

an und teste dein eigenes Talent im Bearbeiten von Bernstein.

IMMER AN DEN DÜNEN ENTLANG

Aus Palanga heraus rollst du auf der Vytauto in südliche Richtung. Kurz nach Passieren des Parks zweigt rechts der Radweg E10 ab, blau ausgeschildert. Auf asphaltierter Velopiste geht's nun abseits vom Autoverkehr durch würzig duftenden Küstenkiefernwald. Fast noch am Stadtrand liegt ② **Nimerseta** unterwegs – einst Ostpreußens nördlichstes Dorf und jahrhundertelang Grenzübergang zu Litauen. Rechts der Strecke formieren sich Küstendünen zu grandiosen Parabeln: 8000 Jahre sind diese Sandketten alt! Weiter geht es, vorbei am eiszeitlichen ③ **Plažė-See** (Vogelparadies, Aussichtsplattform mit Rastplatz) bis nach ④ **Karklė,** einem der ältesten Küstendörfer des Baltikums. Heute besteht der langgezogene Ort hauptsächlich aus Ferienhäusern. Ein Abstecher lohnt sich zum alten **Fischerfriedhof,** *der Weg zweigt am Campingplatz „Pajurio takas" rechts ab.* Auf einigen Gräbern stehen noch altertümliche Kurenkreuze, ausgerichtet zur Ostsee.

Dein sehnlichster Wunsch? Flüstre ihn dem Mäuschen ins Ohr und er wird erhört. Vielleicht

INSIDER-TIPP
Steiler wird's nicht

Der Ort scheint wie aus der Zeit gefallen – und genau das ist er auch. Das Land fällt hier als Kliff zur Ostsee ab, am besten zu genießen auf der „Holländermütze", mit 24,4 m höchster Punkt der litauischen Steilküste. *Am südlichen Rand von Karklė, wo der Radweg die Dorfstraße wieder verlässt, führt ein kurzer Weg zu diesem Aussichtspunkt. Vom Radweg zunächst nach rechts in den Wald und dann der Ausschilderung „Olandų kepurė" folgen.* Karklė ist ein Spot der Paraglider-Szene, der Thermik am Kliff wegen. Bei gutem Wetter schaust du den Schirmfliegern bei ihren eleganten Flügen zu. Oder einfach die Badesachen schnappen und runter an den Strand!

BEI ÄNNCHEN & MÄUSCHEN

Dann ist es nicht mehr weit bis ❺ Klaipėda ➤ S. 60. *Entlang der H.-Manto-Straße radelst du nun, den E10-Veloschildern folgend, in Richtung Altstadt und hast das erste Etappenziel erreicht.* Unterkünfte gibt's hier reichlich. Die hübsche kleine Altstadt macht es einem leicht, den Abend zu genießen. Schau bei der kleinen Statue des berühmten Ännchen von Tharau vorbei. Rings um den alten Theaterplatz bringen Straßenhändler Bernstein an den Mann und die Frau. Immer wieder werden dir in der Altstadt kleine Skulpturen auffallen, sympathische Wahrzeichen der Hafenstadt. An der Kreuzung Kuršių/Kepejų sitzt das Zaubermäuschen. Flüstre ihm einen Wunsch ins Ohr, aber niemand sonst darf es hören! Nur dann geht er in Erfüllung. Am nächsten Morgen geht's dann frisch gestärkt auf den zweiten Teil der Reise – die Kurische Nehrung ➤ S. 64. Per Auto muss man zum weiter entfernten großen Hafen, aber für Radfahrer ist die kleine Stadtfähre ideal. *Sie legt am Kastellhafen gleich gegen-*

❺ Klaipėda

TAG 2

5 km

Zum Auftakt eine hübsche Portion lettischer Klassizismus: Schloss Durbe

über der Altstadt ab, der sowieso einen Spaziergang wert ist. Einfach dem Verlauf der Danė folgen. Drüben am Fähranleger in ❻ **Smiltynė** informiert eine große Tafel über den **Nationalpark Kurische Nehrung.** Wenn du noch Zeit und vor allem Kinder dabei hast, ist auch das **Meeresmuseums** ➤ S. 65 absolutes Pflichtprogramm. Im Delfinarium gibt es nämlich Präsentationen mit Seelöwen und Delfinen, von denen einfach alle begeistert sind. Definitiv keine Tierquälerei. Der wirkliche Hit auf den über 45 Kilometern der langgezogenen Nehrung bis zur russischen Grenze ist aber der asphaltierte Radweg, *der die ganze Zeit abseits der Nehrungsstraße durch Kiefernwald über alte aufgeforstete Wanderdünen verläuft*, zunächst auf der Ostseeseite, später auch am Haff. An vielen Stellen blinzeln tolle Strandzugänge hervor – Badesachen also immer bei Fuß haben!

❻ Smiltynė

28 km

❼ Juodkrantė

35 km

Bald erreichst du ❼ **Juodkrantė (Schwarzort),** das alte Fischerdorf. Am einstigen Bernsteinhafen auf der Haffseite *(Ortsausgang Richtung Klaipeda)* standen die Werkstätten, in denen zwei Memeler Kaufleute 1860–90 fast 2300 t (!) Bernstein aus dem Haffschlamm waschen ließen. Dabei fanden die Arbeiter auch jene 434 prähistorischen Figuren, Amulette und Perlen, die als Bernsteinschatz von Schwarzort berühmt wurden; einige der 6000 Jahre alten Stücke liegen als Kopien im Museum in Palanga. Steig in Juodkrantė unbedingt auch den **Hexenberg** hinauf, die geschnitzten Fabelwesen lassen tief in die Seele der litauischen Volkskultur schauen. Auch hier gilt natürlich wieder: Die Kids haben den größten Spaß an den lustigen und schrägen Figuren. Im Laden an der Kirche gibt's eine kleine Broschüre (auch auf deutsch), die die Bedeutung der Skulpturen erklärt. *Von Juodkrantė sind es noch 35 km* *bis zum Hauptort der Nehrung:* ⑧ Nida ➤ S. 67. Dort angekommen, spazierst du zuerst ein wenig im hübschen Hafen herum, nimmst die riesige Wanderdüne in Augenschein und besuchst auch noch den Bernsteinkünstler und Fotografen Kazimieras Mizgeris im Bernsteinmuseum. Eine seiner Spezialitäten ist Bernsteinwodka: Im Alkohol lösen sich die Harzstückchen langsam auf und wecken so angeblich Urkräfte. Schon ein Löffel voll wirkt!

INSIDER-TIPP
Wundermittel Uraltschnaps

⑧ Nida

② LETTLANDS SCHLÖSSER UND BURGEN

- ➤ Schlösser und Burgen unter die Lupe nehmen
- ➤ Installationen im Open-Air-Museum bestaunen
- ➤ Ein Schwert schwingen lernen

Rīga

Schloss Rundāle

270 km

2 Tage, reine Fahrtzeit 5 Stunden

Kosten: Benzin 30, Unterkunft 30–55 (je nach Standard), Essen 30, Eintritte: Pedvale 3, Jaunpils 2,50/5 (mit Führung), Rundāle 13 Euro
Mitnehmen: bequeme Schuhe, Picknick und Wasser für unterwegs

KLEIN ANFANGEN

Verlass ① Rīga ➤ S. 80 *zunächst auf der Schnellstraße A10 in Richtung Ventspils, an Jūrmala vorbei geht es in die westlichste lettische Provinz* Kurzeme (Kurland). Bald erreichst du Tukums, wo gleich am Stadtrand auf einem Hügel das schöne Schlösschen ② Durbe residiert. *Nimm die erste Abfahrt ins Zentrum, bieg von der Hauptstraße (Jelgavas) rechts in die Alines, die kurz darauf in die Durbes übergeht und dich zu dieser meisterlich restaurierten Perle des lettischen Klassizismus führt.*

TAG 1
① Rīga
65 km
② Durbe
13 km

❸ Schloss Jaunmokas

40 km

❹ Open-Air-Museum

3 km

❺ Nördlichster Weinberg der Welt

62 km

Das Museum im Schloss erinnert an das kulturelle Erbe der Baltendeutschen. Aber damit nicht genug: Immerhin ist Lettland ja voll von schicken Herrenhäusern, Schlösschen, Burgen und Ruinen. *Weiter geht es also auf der A10, wo die nächste Station bald erreicht ist, nämlich etwa 7 km hinter Tukums rechts am Ende einer kurzen Zufahrtsstraße*: ❸ Schloss Jaunmokas, ein Palästchen aus rotem Ziegelstein, ganz im Stil des Art nouveau. Erbaut 1901 als Jagdschloss, beherbergt es heute ein kleines Museum und ein Hotel *(7 Zi.)*. Es soll kräftig spuken hier. Sogar Wissenschaftler waren der „weißen Dame", die hier nachts umgeht, schon auf der Spur, allerdings – welch Wunder – ohne handfeste Beweise zu finden! Aber trotzdem lässt es sich hier auf nette Weise ein bisschen gruseln, *dann geht's schnell zurück auf die A10, noch einmal Richtung Ventspils und dann links auf die P130 abbiegen*. Nun beginnt das landschaftlich schönste Gebiet Kurlands, das Urstromtal der Abava mit seinen Hügelketten, die Kurländische Schweiz. *Weiter geht es nach Sabile*, ein eher schlichtes Landstädtchen. *Im Ort von der Hauptstraße links in die Kuldīgas abbiegen und gleich hinter der Brücke halblinks in die Brīvības, von dort sind es nur noch wenige hundert Meter bis zum alten* Landgut Pedvale. Der lettische Bildhauer Ojars Feldbergs gründete auf dem Gutsgelände 1992 ein ❹ Open-Air-Museum *(Brīvdabas mākslas muzejs | Mai–Sept. tgl. 10–18, Okt.–April tgl. 10–16 Uhr | pedvale.lv)*, das mittlerweile auf 200 ha mehr als 150 Installationen zählt, eine einzigartige Symbiose von Kunst und Natur. Für die Stärkung zwischendurch gibt's ein kleines Café. Und noch etwas, bevor du Sabile zu eilig schon wieder verlässt: Es geht nicht ohne einen kurzen Aufstieg zum Wahrzeichen des Örtchens – den ❺ nördlichsten Weinberg der Welt! *Am Schild „Sabiles vinakalns" am besten das Auto abstellen, es sind nur 200 m zu Fuß von dort, man kann aber auch die kleine, ein wenig steile Straße ganz bis zum Eingang befahren. Von Sabile aus geht's auf kleinen Landstraßen weiter, zunächst ein Stück retour Richtung Kandava, dann rechts ab auf die P121 und durch die Dörfchen Puces und Zemite bis Sati, dort rechts ab bis Vaski und auf der P104 bis zum Etappenziel für den*

heutigen Tag, natürlich wieder mit Burg: Jaunpils. 6 **Burg Jaunpils** *(Di–So 10–18 Uhr | jaunpilspils.lv)* versetzt jeden Besucher in eine versunkene Vergangenheit. Hier trifft man mit etwas Glück den jungen Kaspars Sivanis, berühmt für seine lebendigen **Führungen** *(Tel. 29296334)*. Bei Sivanis oder einem seiner Kollegen darf auch mal ein Helm probiert werden, und man lernt, wie man ein Schwert führt. Jaunpils bietet stilecht Unterkunft – im kleinen **Burghotel** *(jaunpilspils.lv)*, das sowohl fürstliche Appartements als auch Zimmer fürs einfache Volk im breiten Angebot hat.

6 Burg Jaunpils

Nach dem Frühstück geht's von Jaunpils zunächst auf der P97 weiter nach Dobele. Auf die 7 **Burgruine** dort genügt ein flüchtiger Blick, für das nächste Ziel brauchst du nämlich viel Zeit! *Fahr über die P103 Richtung Bauska, auf den Gipfel der baltischen Adelslandschaft, kurz hinter Eleja ist er erreicht* und leuchtet schon von Weitem in der teller-

TAG 2

21 km

7 Burgruine Dobele

64 km

⑧ Schloss Rundāle

flachen Landschaft: ⑧ ★ *Schloss Rundāle (Mai–Okt. tgl. 10–18, Nov.–April tgl. 10–17 Uhr | rundale.net).* Welch ein Palast! Rauschender Barock, verspieltes Rokoko, das „Ostsee-Versailles". Heute dient Rundāle als Kulisse großer Staatsempfänge und ist täglich Ziel Tausender Besucher. Schau unbedingt das Palastmuseum an, den Goldenen Saal, das Porzellankabinett, das Rosenzimmer. Zu Mittag empfiehlt sich das Restaurant Baltā Māja, und im weitläufigen Park mit dem schönen französischen Garten vergeht ein Tag wie im Flug.

③ NATUR PUR IN ESTLAND

- ➤ **Auf riesigen Steinen übers Wasser balancieren**
- ➤ **Unter hohen Kalksteinfelsen baden**
- ➤ **Am Traumstrand des Peipus-Sees nach Russland schauen**

Start: Tallinn
Ziel: Kauksi

Strecke: 335 km
Dauer: 3 Tage, reine Fahrtzeit 8 ½ Stunden

Kosten: Benzin 30, Unterkunft 100, Essen 50, Eintritt Meeresmuseum 2 Euro
Mitnehmen: Badesachen, Wanderschuhe, Mückenschutz
Achtung: Im Kloster auf respektvolles Verhalten achten, Frauen tragen möglichst ein Kopftuch.
Bei Wanderungen im Lahemaa-Nationalpark eine gute Karte dabeihaben! Auf Zeckenbisse achten!

TAG 1
① Tallinn

79 km

STEINE, STEINE, STEINE!

Verlass ① Tallinn ➤ S. 107 *auf der A1 in Richtung Osten. Es ist keine wirklich Autobahn, eher eine mehrspurige Ausfallstraße, zunächst durch die russisch dominierten Viertel der Hauptstadt.* Dein erstes Tagesziel: der Nationalpark Lahemaa ➤ S. 114, das „Land der Buchten", Estlands ältestes und größtes Naturreservat.

So weit die Füße tragen: Infinity-Natur im herrlichen Lahemaa-Nationalpark

Auf der A1 steuerst du bis zur Abfahrt Liiapeksi, ab dort auf der Straße 85 in nördliche Richtung in eine kaum bewohnte, kiefernbewachsene Waldlandschaft hinein. Bei Kotka biegst du rechts ab und bleibst auf der 210 bis kurz vor Võsu, dort an der Kreuzung links (Straße 177). Kurz danach ist ❷ **Käsmu** erreicht, mit seinen bunten Holzhäusern eins der schönsten Dörfer Estlands und in früheren Tagen berühmt für seine Seefahrtsschule. Heute ist dort ein kleines, kurioses **Meeresmuseum** *(Merekooli 1 | Tel. 3 23 81 36 | kasmu.ee)* zu finden. *Fahr dann die Dorfstraße durch bis ganz ans Ende auf den Parkplatz.* Willkommen in Estlands **Findlingsgarten!** Hunderte Felsbrocken liegen überall, an Land und im Wasser, Käsmu ist buchstäblich steinreich. Der größte Brocken in der Bucht, *Vana-Jüri kivi* heißt er, hat schlappe 22 m Umfang. Probier mal, trockenen Fußes bis hinüber zur bewaldeten **Teufelsinsel** zu balancieren – nur auf den Steinen. Nach der Mittagspause auf der wunderbar eleganten Terrasse vom **Kaspervik** *(Neeme tee 70 | Facebook: kaspervikresto | €€)*, geht's nun in eine ganz andere Welt: nach ❸ **Palmse.** Man erreicht das **Besucherzentrum des Lahemaa-Park** *auf der 177, nach knapp 10 km rechts abbiegen (108).* Palmse ist landesweit für seinen restaurierten **Gutshof** bekannt. Im **Museum** kannst du die versunkene Welt des baltendeutschen Landadels nacherleben und im weißen

❷ Käsmu

18 km

❸ Palmse

[Gästehaus](palmse.ee/de) *(palmse.ee/de)* des Gutshofs angemessenes Quartier beziehen.

TAG 2

36 km

❹ Rakvere

62 km

❺ Ontika

25 km

❻ Toila

VOM FOLTERKELLER ZUR GUTEN AUSSICHT

Am nächsten Morgen geht's zunächst auf den Landstraße 176 und 142 in Richtung Süden bis Kadrina, dort links auf die 5, bis ❹ Rakvere in Sicht kommt. Dessen berühmte riesige Burgruine thront weithin sichtbar über der Stadt. Auf ins Mittelalter! Im Folterkeller kommst du den finsteren Zeiten fast schon ein bisschen zu nah. Gut, dass es dann wieder an die frische Luft geht. Anschließend Fotoshooting am großen Auerochsendenkmal gegenüber – ein Selfie vor dem mächtig behörnten Rakvere-Urvieh ist ein Muss der Eesti-Tour! *Verlass Rakvere auf der Fernstraße 5 in Richtung Osten, wieder auf der A1 geht's ostwärts bis zur Abfahrt Saka. Auf der 133 erreichst du nach wenigen Minuten* ❺ Ontika, bekannt für seine Steilküste. Bis zu 56 m ragen die Kalksteinfelsen über der Ostsee auf. An Estlands Glintküste klingt der zweite Tag aus: Im Saka Cliff Hotel *(saka.ee)* übernachtet es sich gut. Leih ein Fahrrad aus und radle östlich nach ❻ Toila. Dort gibt's einen uralten Küstenpark mit allerhand exotischen Gewächsen zu bestaunen, das Kliff hat unterwegs wunderbare Aussichtspunkte. Oder Badesachen schnappen: Unterhalb der Steilküste hörst du schon den Ruf des Strands!

Am dritten Tag verlässt du die Küste auf der 105, fährst auf der A1 ein kurzes Stück bis Linna und von dort auf der 32 weiter südwärts. Bei dem Dörfchen Kuremäe steht das russisch-orthodoxe 7 Nonnenkloster Pühtitsa. Ein Ort wie verwunschen. Nicht alles steht Besuchern offen, doch das wird auf mehrsprachigen Schildern gut erklärt. Die 170 Nonnen betreiben einen kleinen Laden, in dem sie Ikonen und Handarbeiten verkaufen, vielleicht auch eine gesunde Salbe oder Creme. *Vom Kloster geht's zwei Kilometer retour, um anschließend nach links auf die 150 abzubiegen.* Die Straße zerschneidet eine stille, fast menschenleere Landschaft bis nach 8 Kauksi, am berühmten Peipus-See ➤ S. 119, mit 3555 m^2 Fläche fast siebenmal so groß wie der Bodensee. Eine ganze Menge Wasser! Der Strand hinter den Dünen von Kauksi zählt zu den schönsten im ganzen Baltikum. Da liegt es nun vor dir, das riesige Gewässer, tiefblau bis zum Horizont. Dahinter beginnt Russland, und du bekommst eine Ahnung von Weite, Weite, Weite.

TAG 3
76 km
7 Nonnenkloster Pühtitsa
36 km
8 Kauksi

Formatfüllend: Rakveres Auerochsen-Denkmal ist 4 m hoch

GUT ZU WISSEN

DIE BASICS FÜR DEINEN URLAUB

ANKOMMEN

ANREISE

Empfohlene Strecke: Berlin–Warschau–Białystok–Augustów–Suwalki–Kalvarija–Kaunas–Vilnius, Dauer etwa 15 Std. Wenn du Zeit hast und der Weg das Ziel ist, kannst du auch in Polen an der Ostseeküste entlang nach Danzig und dann weiter durch die schönen Regionen Ermland (Warmia) und Masuren (Mazury) gen Osten fahren und schließlich in Suwałki kurz vor der litauischen Grenze herauskommen.

Weiterfahrt nach Lettland: von Kaunas über Panevėžys nach Bauska in Richtung Rīga und weiter Estland, oder über Ukmergė in Richtung Daugavpils in Ostlettland. Oder über die Autobahn von Kaunas zur Halbinsel Kurische Nehrung bzw. von Klaipėda an der Westküste nördlich auf die lettische Grenze zu nach Liepāja/Ventspils und Kap Kolka.

Es gibt derzeit keine sinnvolle Bahnverbindung ins Baltikum. Es geht per Eurocity nach Warschau und dann eher per Bus nach Litauen. Irgendwann soll sich das mal mit dem Rail-Baltica-Projekt ändern.

Aus deutschen Städten fahren mehrmals wöchentlich Fernreisebusse ins Baltikum. Z.B. Stuttgart/München/Köln/Berlin–Tallinn *(eurolines.de, ecolines.ee)*. Die Busse halten in den Städten in der Regel an den zentralen Busbahnhöfen meist in Bahnhofsnähe. Viele Verbindungen wurden wegen der Coronaviruskrise aber gecancelt und eine Rückkehr ist nicht garantiert.

Autofähren verkehren von Rostock nach Klaipėda *(TT Linie | ttline.com)*, von Kiel nach Klaipėda *(DFDS | dfds.com)*, von Travemünde nach Liepāja *(Stenaline | stenaline.de)*, alternativ von Travemünde nach Helsinki *(Finn-*

Große Fernstraßen sind gut ausgebautet im Baltikum, Nebenstrecken nur teilweise

lines | finnlines.com). Von Helsinki gibt es laufend Überfahrten nach Tallinn *(vikingline.fi, eckeroline.fi, tallinksilija.com).* Die Passage per Fähre ist sicher nicht ganz billig, aber eine herrliche Alternative, um nicht den kompletten Hin- und Rückweg auf Asphalt bestreiten zu müssen.

+ 1 Stunde Zeitverschiebung

ganzjährig

Wizzair *(wizzair.com)* fliegt von Dortmund nach Rīga. Ryanair *(ryanair.com)* verbindet Bremen, Berlin, Köln, Frankfurt-Hahn mit Rīga und Vilnius, Nürnberg mit Vilnius, Tallinn mit Düsseldorf-Weeze und Bremen. Nordica *(nordica.ee)* fliegt von Tallinn nach Berlin, Hamburg, München und Zürich. Und Air Baltic *(airbaltic.com)* jettet von Berlin, Frankfurt, Hamburg, Düsseldorf, München, Stuttgart oder Wien nach Rīga. Air Baltic fliegt auch nach Vilnius von Berlin und München aus sowie von Berlin nach Tallinn. Die Lufthansa *(lufthansa.de)* bedient von Frankfurt aus Rīga. Auch hier gilt: Wenn die Coronavirus-Streichungen vorbei sind, kann die Auswahl deutlich anders aussehen.

Am Flughafen von Tallinn sind Verspätungen übrigens kein Problem: Kostenlos und entspannt kannst du dich im Fitnesscenter, der Bibliothek oder der Küche austoben, während die Kids sich auf dem Spielplatz vergnügen.

AUSKUNFT

visitestonia.com, latvia.travel, lithuania.travel

EINREISE

Es genügt der Personalausweis. Das Baltikum gehört zum Schengenraum.

KLIMA & REISEZEIT

An der Küste ist das Wetter etwas gemäßigter, in den östlichen Landesteilen bekommt man tatsächlich schon das kontinentale Klima mit teils heißeren Sommer- und kälteren Wintertagen zu spüren. Natürlich sind die Schulferienmonate Juli und August die stärkste Reisezeit. Noch entspannter und mindestens genauso schön ist es im Mai, Juni und September. Mit etwas Glück ist auch der Oktober noch golden. Wer das Baltikum im Sommer schon kennt, sollte mal im Winter sein Glück probieren. Spaziergänge auf der Kurischen Nehrung, anderswo an den endlosen Stränden oder über vereiste Seen bleiben unvergessen.

ZOLL

Für Ein- und Ausfuhr gelten die EU-Bestimmungen. Außer Landes mitnehmen darfst du u.a. 800 Zigaretten, 10 l Spirituosen, 90 l Wein. Für Schweizer gelten bei der Einfuhr geringere als die EU-Mengen. Antiquitäten und Kunstwerke, die älter als 50 Jahre sind, dürfen nur mit Genehmigung ausgeführt werden. Weitere Infos: *zoll.de, bmf.gv.at, ezv.admin.ch*

GRÜN & FAIR REISEN

Du willst beim Reisen deine CO_2-Bilanz im Hinterkopf behalten? Dann kannst du deine Emissionen kompensieren *(atmosfair.de; myclimate.org)*, deine Route umweltgerecht planen *(routerank.com)* oder auf Natur und Kultur *(gate-tourismus.de)* achten. Mehr über ökologischen Tourismus erfährst du hier: *oete.de* (europaweit); *germanwatch.org* (weltweit).

WEITER-KOMMEN

AUTO

Alle Fern- und größeren Verbindungsstraßen im Baltikum sind gut ausgebaut, es gibt sogar ein paar Kilometer Autobahn. Die kleineren Landstraßen sind inzwischen auch oft neu, teilweise aber auch immer noch Schotterpisten. Im Winter kann man in Estland auf ausgewiesenen Eisstraßen über die Ostsee auf einige Inseln fahren.

Überall beträgt die Höchstgeschwindigkeit innerorts 50 km/h, auf Landstraßen 90 km/h, auf der Autobahn 110 km/h. Es gibt Radarfallen, bezahlt werden muss vor Ort. In allen drei Ländern muss auch am Tag mit Licht gefahren werden. Das Alkohollimit beträgt in Lettland 0,5, in Estland 0,2 und in Litauen 0,4 Promille. In allen drei baltischen Staaten besteht Anschnallpflicht und Handyverbot am Steuer. Von Dez. bis März sind Winterreifen vorgeschrieben.

Falschparken kann in Palanga und auf der Kurischen Nehrung richtig teuer werden. Die Altstädte Tallinns und Rīgas sind verkehrsberuhigt. Falschparken wird auch hier streng bestraft, am teuersten ist es in Tallinn. Pannenhilfe: Lettland *Tel. 8 00 00 00, mobil 1 88*, Estland *Tel. 6 96 91 88, mobil*

FESTE & EVENTS
RUND UMS JAHR

APRIL

Kaunas Jazzfestival: internationale Jazzgrößen. *kaunasjazz.lt*
Jazz Kaar (Tallinn): kleines, feines Jazzfestival, auch open air. *jazzkaar.ee*

MAI

Tallinner Altstadttage: Konzerte, Theater, Kunst- und Sportevents. *vana linnapaevad.ee*
Rīga Marathon. *rimirigamarathon.com*

JUNI

Grillfest Pärnu: auch „Good Food Festival" genannt. *grillfest.ee*
Johannistag: Am 23. Juni ist v.a. in Lettland Ausnahmezustand. Feiern und Livekonzerte bis zum Morgen (Foto)
Baltic Pride: Bei der großen LGBTQ-Parade wechseln sich die drei Hauptstädte ab. *balticpride.org*

JULI

Klaipėda Sea Festival: Die Hafenstadt wird zum Nabel der Seglerwelt. *jurossvente.lt*
Devilstone Musikfestival (Anykščiai): Rock, Heavy Metal, Goth. *devilstone.net*
Summer Sound (Liepāja): Musikfestival. *summersound.lv*

AUGUST

Maritimes Festival: in den Häfen der Insel Saaremaa. *merepaevad.eet*
Ezera Skaņas Festival: esoterische Musik & Lichtshow früh morgens auf dem lettischen Kāla-See. *ezeraskanas.lv*
Rīgaer Stadtfest: Bühnen, Buden, Feuerwerk. *rigassvetki.lv*

SEPTEMBER

Vilnius City Fiesta: Livemusik, Straßentheater, Modeschauen uvm.

NOVEMBER

Scanorama: Festival europäischer Filme in Vilnius, Kaunas, Klaipėda. *sca norama.lt*

DEZEMBER

Weihnachtsmärkte: besonders festlich in den Hauptstädten

1888, Litauen *Tel. 8800000000, mobil 1888*

ÖFFENTLICHE VERKEHRSMITTEL

U-Bahnen gibt´s keine in Rīga, Tallinn und Co., dafür aber Straßenbahnen, Oberleitungsbusse und Busse *(1188.lv, tpilet.ee).* In Litauen *(trafi.com)* gibt es bisher nicht mal eine Tram, sondern nur Busse. Die Fahrkarten für den Stadtverkehr sind sehr günstig. Statt an Automaten oder Kiosken lassen sie sich inzwischen auch meist per App bequem kaufen und bezahlen.

Bei Überlandfahrten oder im innerbaltischen Verkehr sind Busse meist schneller als Züge; es gibt relativ häufige Verbindungen. Viele Busse sind komfortabel mit Screen im Vordersitz (gutes Filmangebot), WIFI, Getränken. Fahrkarten gibt es online *(luxexpress.eu, ecolines.net)* und übergreifend auf *tpilet.ee, autobusubilietai.lt* oder am Busbahnhof (LT: Autobusų stotis, LV: Autoosta, EST: Bussijaam). In Lettland unter *mobilly.lv* oder *1188.lv* (auch als App). Rīga–Tallinn oder Rīga–Vilnius kosten ab ca. 15 Euro.

TAXI

Taxifahrten werden im Baltikum nach Strecke und Zeit abgerechnet. Ruf die Taxis am besten telefonisch (offiziell auch billiger), per sms oder mobil, etwa über die sehr transparente Taxi-App *taxify*, nutzbar in allen drei Hauptstädten und einigen anderen Orten. Natürlich nur einsteigen, wenn der Fahrpreis gut sichtbar am Fahrzeug angebracht ist. Richtwerte (Standardtarife): Eine ganz grobe Faustregel für den Preis ist 1 Euro/km, Bereitstellungsgebühr ca. 1 Euro. In Estland gibt es für Taxiunternehmen keine Festtarife. Vergleichen lohnt sich! Tallinn: *Tulika Takso | Tel. 16120000 | tulika.ee;* Rīga: *Smile Taxi | Tel. 22330330 | smile.taxi;* Vilnius: *Taxi 1424 | Tel. 61111111 | 1424.lt*

IM URLAUB

BANKEN & KREDITKARTEN

Die meisten Banken im Baltikum akzeptieren die üblichen Kredit- und EC-Karten. Geldautomaten (Visa, Eurocard, EC) sind auch auf dem Land verbreitet. Sehr viele Geschäfte, selbst in der Provinz, akzeptieren Kartenzahlung – wahrscheinlich sogar häufiger als in Deutschland.

FEIERTAGE

1. Jan.	Neujahr
16. Feb.	Unabhängigkeitstag LT
24. Feb.	Unabhängigkeitstag EST
11. März	Tag der wiedererlangten Selbstständigkeit LT
Karfreitag	Estland, Lettland
Ostermontag	Estland, Litauen
1. Mai	Tag der Arbeit EST, LV
23. Juni	Siegestag EST
23./24. Juni	Johanni LV
24. Juni	Johanni EST
6. Juli	Krönung Mindaugas' LT
15. Aug.	Mariä Himmelfahrt LT
20. Aug.	Tag der wiedererlangten Unabhängigkeit EST
1. Nov.	Allerheiligen LT
18. Nov.	Unabhängigkeitstag LV
25./26. Dez.	Weihnachten

INTERNET & WLAN

Das Baltikum verfügt über ein flächendeckendes, stabiles und schnelles Mobilfunknetz, besonders Estland ist hier Vorreiter. Auch die WLAN-Qualität in Unterkünften, Cafés etc. ist oft sehr gut. Ihr könnt auch sorgenfrei euer eigenes Smartphone zum Surfen nutzen: Roaming-Gebühren gibt's ja in der EU nicht mehr.

ÖFFNUNGSZEITEN

Das Baltikum hat kein Ladenschlussgesetz. Die großen Einkaufszentren sind meist tgl. bis 22 Uhr geöffnet, manche sogar bis Mitternacht. Normale Geschäfte öffnen in der Regel Mo–Fr 9–19 (20) Uhr, am Samstag bis 17 (18) Uhr, in Litauen vielfach auch am Sonntag. Museen sind wie international üblich meist montags geschlossen. Restaurants öffnen häufig gegen 11 Uhr und schließen gegen 23 Uhr, auf dem Land und außerhalb der Saison auch früher. Nur beim Kauf deines Feierabendbierchens musst du aufpassen: Alkohol darf in Litauen überall – egal ob in der Tankstelle oder im riesigen Supermarkt – nur 10–20 Uhr und sonntags sogar nur 10–15 Uhr über die Ladentheke gehen, in Lettland täglich zwischen 8 und 22 Uhr, in Estland täglich 10–22 Uhr. Gaststätten dürfen aber ausschenken.

INSIDER-TIPP
Vorsicht bei Bierdurst

POST

Postämter sind meist Mo–Fr 8–18 Uhr geöffnet. Auch manche Kioske verkaufen Briefmarken. Porto für den Standardbrief oder eine Postkarte nach Deutschland: 78 Cent aus Lettland und 81 Cent aus Litauen, satte 1,40 Euro aus Estland. Die Briefkästen sind in Estland orange, in Lettland und Litauen gelb.

PREISE & WÄHRUNG

In allen drei baltischen Ländern ist der Euro offizielles Zahlungsmittel. Tallinn ist für EU-Touristen die teuerste Stadt, doch Rīga steht dem inzwischen kaum noch nach. Auf dem Land ist vieles deutlich billiger. Der Eintritt für Museen liegt oft unter 5 Euro.

STADTFÜHRUNGEN

Praktisch sind die Hop-on-hop-off-Stadtrundfahrten mit dem Doppeldeckerbus. Treff in Vilnius ist vor der Kathedrale *(tgl. 10–15.15 Uhr | Dauer ca. 1 ½ Std. | 15 Euro | vilniuscitytour.com)*, in Tallinn am Viru-Platz *(tgl. 10–18 Uhr | 3 Routen | ca. 1 ½ Std. | ab 25 Euro | citytour.ee)* und in Rīga am Okkupationsmuseum *(tgl. 10–16 Uhr | 3 Routen | 1–1 ½ Std. | ab 20 Euro | citytour.lv)*. Zu Fuß führen dich Locals auf verschiedenen Routen durch Tallinn, Start vor der Touristeninformation *(Niguliste 2 | ab 15 Euro | traveller.ee)*.
Besonders beliebt und gut geführt sind die kostenlosen *Free Tours*, jeweils durch die Altstadt oder zu alternativen Orten. Treff ist in Rīga an der Petrikirche *(tgl. 10 Uhr „Altstadt", um 12 Uhr „Alternatives Rīga" | 1 ¾ bzw. 2 ½ Std. | rigafreetours.com)*, in Vilnius vor der Kathedrale *(tgl. 10.30 Uhr „Altstadt" | 2 Std. | Mo, Do, Sa 13.30 Uhr „Alternatives Vilnius" | 3 Std. | vilniusfreetour.lt)*.

TELEFON & HANDY

Die Ländervorwahlen lauten *00370* für Litauen, *00371* für Lettland und *00372* für Estland. Estland und Lettland kennen keine Vorwahlen ins Ortsnetz. Lettische Festnetznummern haben als erste Ziffer immer eine 6, Handynummern eine 2 am Anfang. In Litauen gibt es noch Ortsvorwahlen, was aber Reisende nicht kümmern muss, sie wählen einfach immer die komplette Telefonnummer, auch innerhalb des Landes.
Die Mobilfunknetze haben eine gute Abdeckung und 5G ist beim Datenverkehr schon ziemlich häufig Standard.

WAS KOSTET WIE VIEL?

Benzin	um 1,80 Euro *1 l Super (95)*
Taxifahrt	ab 1 Euro *pro km*
Kaffee	2,50 Euro *1 Cappuccino*
Bier	3 Euro *0,5 l im Lokal*
Imbiss	ab 5 Euro *eine Portion Cepelinai*
Sauna	ab 13 Euro *pro Person im Spa*

Durchschnittspreise in den drei Ländern

TOILETTEN

Bei der Kennzeichnung der Toiletten werden oft immer noch Symbole verwendet: Δ = Frauen, ▼ = Männer. Und noch eine kleine Falle: Im Estnischen steht das „m" für *mees* = Mann. Im Litauischen steht das „m" für *moterys* = Frau, v = Mann! In Estland bedeutet n = Frau, m = Mann.

TRINKGELD

10 Prozent des Rechnungsbetrags sind in den Hauptstädten üblich. Aber vorher schauen, ob nicht automatisch Trinkgeld auf die Rechnung geschlagen wird.

UNTERKUNFT

Camping ist in allen drei Ländern *(camping.lv, camping.lt, camping-estonia.ee)* auf ausgewiesenen Plätzen möglich, das Campen in der freien Natur wird weitgehend geduldet, ist in den Nationalparks aber verboten, falls nicht ausdrücklich erlaubt. Besonders Estland hat herrliche Naturstellplätze für Wohnmobile oder zum Zelten, oft in toller Lage am Wasser, ganz offiziell ausgewiesen und ausgestattet mit Trockentoilette und Brennholz. Alle Adressen mit Karte: *loodusegakoos.ee.*
Landhäuser in Lettland vermittelt *Lauku Ceļotājs | Tel. 67617600 | celotajs.lv.* Infos über Landtourismus in Litauen und Unterkünfte gibt es unter *atostogoskaime.lt.* Nicht nur in den Städten sind auch die internationalen Vermittler *airbnb.com* und *booking.com* unter Gastgebern sehr stark verbreitet.

NOTFÄLLE

DIPLOMATISCHE VERTRETUNGEN DEUTSCHE BOTSCHAFTEN

Tallinn: *Toom-Kuninga 11 | Tel. 6275300 | tallinn.diplo.de*

Rīga: *Raiņa bulv. 13 | Tel. 67 08 51 00 | riga.diplo.de*
Vilnius: *Sierakausko 24/8 | Tel. 5 2 10 64 00 | vilnius.diplo.diplo.de*

ÖSTERREICHISCHE BOTSCHAFTEN

Tallinn: *Vambola 6 | Tel. 6 27 87 40 | bmeia.gv.at/oeb-tallinn*
Rīga: *Alberta iela 13, 7. Stock | Tel. 67 21 61 25 | bmeia.gv.at/oeb-riga*

ÖSTERREICHISCHES HONORARKONSULAT

Vilnius: *Jogailos g. 9 | Tel. 5 2 66 66 82, austrianconsulate.lt*

SCHWEIZER BOTSCHAFT

Rīga: *Smilšu iela 8 | Tel. 67 33 83 51 | eda.admin.ch/riga*

Das Rīgaer Büro ist auch für Estland und Litauen zuständig

GESUNDHEIT

Die Europäische Krankenversicherungskarte (EHIC) gilt auch im Baltikum. Auch Schweizer haben grundsätzlich Anspruch auf die gleiche Behandlung wie zu Hause. Allerdings wird Vorauszahlung verlangt. Wer Wanderungen in der Natur plant, sollte sich vor Reiseantritt gegen Zeckenbisse impfen lassen (FSME), bei Outdoor-Trips unbedingt ein gutes Mückenschutzmittel mitnehmen.

NOTRUF

Estland: *Feuerwehr/Krankenwagen 112, Polizei 110.* Lettland und Litauen: *zentrale Notrufnummer 112* (auch vom Handy)

WETTER IN RĪGA

Hauptsaison
Nebensaison

	JAN.	FEB.	MÄRZ	APRIL	MAI	JUNI	JULI	AUG.	SEPT.	OKT.	NOV.	DEZ.
Tagestemperaturen	-2°	-2°	2°	9°	16°	19°	22°	21°	16°	10°	4°	0°
Nachttemperaturen	-8°	-8°	-5°	1°	5°	9°	12°	11°	8°	3°	-1°	-5°
Sonnenschein Stunden/Tag	1	2	5	7	9	9	9	8	6	3	1	1
Niederschlag Tage/Monat	19	15	12	13	12	13	14	15	16	16	17	18
Wassertemperatur in °C	1	0	1	2	7	12	16	17	14	10	7	4

Sonnenschein Stunden/Tag Niederschlag Tage/Monat Wassertemperatur in °C

SPICKZETTEL ESTNISCH

BASICS

ja/nein/vielleicht	**jah/ei/võib olla**
bitte/danke	**palun/tänan**
Hallo!/Auf Wiedersehen!/Tschüss!	**Tere!/Head aega!/Nägemiseni!**
Gute(n) Tag!/Nacht!	**Tere päevast!/Head ööht!**
Entschuldige!/Entschuldigen Sie!	**Vabandust!/Vabandage!**
Wie bitte?	**Kuidas palun?**
Ich möchte .../Haben Sie ...?	**Ma tahan .../Kas teil on ...?**
Das gefällt mir (nicht).	**Mulle meeldib see. (See ei meeldi mulle.)**
Wo ist ...?/Wo sind ...?	**Kus on ...?**
Wie viel Uhr ist es?	**Mis kell on?**
Ich heiße ...	**Minu nimi on ...**
Wie heißen Sie?/Wie heißt Du?	**Kuidas on Teie nimi?/Kuidas on sinu nimi?**
Ich komme aus ...	**Mina tulen ...**

ZEIGEBILDER

UNTERWEGS

Abfahrt/Abflug/Ankunft	ärasõit/lahkumine/saabumine
Eingang/Ausgang	sissepääs/väljapääs
Parkplatz/Parkhaus	parkla/valvega autoparkla
Bahnhof/Hafen/Flughafen	raudtejaam/sadam/lennujaam
Fahrplan/Fahrschein/Zuschlag	sõidupaan/pilet/lisamaks
Ich möchte … mieten.	Ma tahaksin … üürida.
ein Auto/ein Fahrrad/ein Boot	autot/jalgratast/paati
links/rechts	vasakule/parmale
geradeaus/zurück	otse/tagasi
kaputt/funktioniert nicht	murtud/see ei tööta
Panne/Werkstatt	õnnetus juhtum/autoteenindus
Benzin/Diesel	bensiin/diisel

NÜTZLICHES

Darf ich Sie/hier fotografieren?	Kas tohin foto sina?/I pildistada siin?
Wo finde ich einen Internetzugang?	Kus on lähim internetiühendus?
Internetanschluss/WLAN	internetiühendus/wireless lan
Wie viel kostet …?	Kui palju see maksab?
teuer/billig/Preis	kallis/odav/hind
bar/ec-Karte/Kreditkarte	raha/ec-kaart/krediitkaart
Die Speisekarte, bitte.	Menüüd, palun.
Messer/Gabel/Löffel/Flasche/Karaffe/Glas	nuga/kahvel/lusikas/pudel/karahvin/klaas
Salz/Pfeffer/Zucker/Essig/Öl	sool/pipar/suhkur/äädikas/õli
(kein) Trinkwasser	(ei) joogivesi
mit/ohne Eis/Kohlensäure	koos/ilma jäätis/gaaseritud
Ich möchte zahlen, bitte.	Palun, arvet.
Rechnung/Quittung/Trinkgeld	arvet/kviitungi/jootraha
Apotheke/Bäckerei/Supermarkt	apteek/leivapood/kaubahall
offen/geschlossen	avatud/suletud
Fieber/Schmerzen	palavik/valud
Verbot/verboten/Gefahr/gefährlich	keeld/keelatud/riski/ohtlike
Hilfe!/Achtung!/Vorsicht!	Appi!/Avarii!/Ettevaatust!
0/1/2/3/4/5/6/7/8/9/10/100/1000	null/üks/kaks/kolm/neli/viis/kuus/seitse/kaheksa/üheksa/kümme/sada/tuhat

SPICKZETTEL LETTISCH

BASICS

ja/nein/vielleicht	jā/nē/varbūt
bitte/danke	lūdzu/paldies
Gute(n) Morgen!/Tag!/Abend!/ Nacht!	Labrīt!/Labdien!/Labvakar!/ Ar labu nakti!
Auf Wiedersehen!	Uz redzēšanos!
Entschuldigen Sie!	Atvainojiet!
Wie bitte?	Kā, lūdzu?
Ich möchte …/Haben Sie …?/ Könnte ich bitte … haben?	Es vēlos .../Vai jums ir ...?/ Vai varu palūgt ...?
Wie viel Uhr ist es?	Cik (ir) pulkstenis?
Wo ist …?/Wo sind …?	Kur ir ...?
Wie viel kostet …?	Cik maksā ...?
Bank/Geldautomat	banka/bankomāts
Internetanschluss/WLAN	interneta pieslēgums/WLAN
Hilfe!/Achtung!/Vorsicht!	Palīgā!/Uzmanību!/Uzmanīgi!

ZEIGEBILDER

UNTERWEGS

Abfahrt/Abflug/Ankunft	atiešana/izlidošana/pienākšana
Bahnhof/Flughafen/Hafen	(dzelzceļa) stacija/lidosta/osta
Parkplatz/Parkhaus	auto novietne/auto stāvvieta
Ich möchte … mieten.	Es vēlos noīrēt …
ein Auto/ein Fahrrad/ein Boot	(auto)mašīnu/velosipēdu/laivu
links/rechts	pa kreisi/pa labi
geradeaus/zurück	uz priekšu/atpakaļ
offen/geschlossen	atvērts/slēgts
Tankstelle	degvielas uzpildes stacija
Benzin/Diesel	benzīns/dīzeļdegviela
Panne/Werkstatt	avārija/auto darbnīca

NÜTZLICHES

Reservieren Sie uns bitte für heute Abend einen Tisch für vier Personen.	Lūdzu, rezervējiet mums šim vakaram galdiņu četrām personām.
Die Speisekarte, bitte.	Lūdzu, atnesiet ēdienkarti.
Ich möchte zahlen, bitte.	Es vēlos samaksāt.
Haben Sie noch …?	Vai jums vēl ir …?
Einzelzimmer	vienvietīga istaba
Doppelzimmer	divvietīga istaba
Frühstück/Halbpension	ar brokastīm/ar puspansiju
Dusche/Bad	duša/vanna
Fieber/Schmerzen	drudzis/sāpes
Durchfall/Übelkeit	caureja/slikta dūša
Apotheke	aptieka
Arzt/Zahnarzt/Kinderarzt	ārsts/zobārsts/pediatrs
Krankenhaus/Krankenwagen	slimnīca/ātrā palīdzība
Polizei	policija
Feuerwehr	ugunsdzēsēji
0/1/2/3/4/5/6/7/8/9/10/100	nulle/viens/divi/trīs/četri/pieci/seši/septiņi/astoņi/deviņi/desmit/simts

ā, ē, ī, ū: lang gesprochen, ähnlich „ah", „äh", „ie", „uh"

č: wie „tsch" — ģ: spricht man wie „j" in Jeans

ķ: wie „k" in König — ļ: wie „l" in Glück — ņ: wie „n" in nützlich

š: wie „sch" — ž: wie „g" in Genie

SPICKZETTEL LITAUISCH

BASICS

ja/nein/vielleicht	taip/ne/galbūt
bitte/danke	prašau/ačiū
Gute(n) Morgen!/Tag!/ Abend!/Nacht!	Labas rytas!/Laba diena!/ Labas vakaras!/Labanaktis!
Hallo!/Auf Wiedersehen!	Sveiki!/Iki pasimatymo!
Entschuldigen Sie!	Atsiprašau!
Wie bitte?	Kas?
Ich möchte …/Haben Sie …?	Aš noriu …/Ar turite …?
Wie viel Uhr ist es?	Kuri vanada?
Wo ist …?/Wo sind …?	Kur ir …?/Kur yra …?
Wie viel kostet …?	Kiek kainuoja …?
alles/nichts	visi/nieko
Bank/Geldautomat	bankas/bankomatas
Internetanschluss/WLAN	interneto ryšys/WLAN
Hilfe!/Achtung!/Vorsicht!	Gelbėkite!/Dėmesio!/Atsargiai!

ZEIGEBILDER

UNTERWEGS

Abfahrt/Abflug/Ankunft	**išvykimo/išvykimo/atvykimo**
Bahnhof/Hafen/Flughafen	**geležinkelio stotis/uostas/ oro uostas**
Parkplatz	**automobilių stovėjimo aikštelė**
Ich möchte … mieten.	**Aš norėčiau … išinuomoti.**
ein Auto/ein Fahrrad/ein Boot	**automobilį/dviratį/valtį**
offen/geschlossen	**atidara/uždaryta**
links/rechts	**kairė/dešinė**
geradeaus/zurück	**tiesiai/atgal**
Tankstelle	**degalinė**
Benzin/Diesel	**benzinas/dyzeliniai degalai**
Panne/Werkstatt	**avarija/autoservisas**

NÜTZLICHES

Reservieren Sie uns bitte für heute Abend einen Tisch für vier Personen!	**Aš norėčiau užsirezervuoti šiandien vakare viena stalą keturiems žmonėms!**
Die Speisekarte, bitte.	**Prašom, valgiaraštį.**
Könnte ich bitte … haben?	**Aš norečiau …?**
Ich möchte zahlen, bitte.	**Prašom, saskąitą.**
Haben Sie noch …?	**Ar turite …?**
Einzelzimmer/Doppelzimmer	**vienvietis kambarys/duivietis kambarys**
Frühstück/Halbpension	**pusryčiai/su pusryčiais ir vakariene**
Fieber/Schmerzen	**karščiavimas/skausmas**
Apotheke	**vaistinė**
Arzt/Zahnarzt/Kinderarzt	**gydytojas/datų gydytojas/vaikų gydytojas**
Polizei/Feuerwehr/Krankenhaus	**policija/gaisras/ligoninė**
0/1/2/3/4/5/6/7/8/9/10/100	**nulis/vienas/du/trys/keturi/ penki/šeši/septyni/aštuoni/ devyni/dešimt/šimtas**

ą: langes „a"
ę: lang und offen wie „ä"
į: langes „i"
ų, ū: langes u
y: langes „i"
č: wie deutsches „tsch"
ė: lang und geschlossen wie in Esel
š: wie deutsches „sch"
v: wie deutsches „w"
z: stimmhaft wie „s" in sauber
ž: wie „j" in Jeans

URLAUBS FEELING

ZUM EINSTIMMEN & AUSKLINGEN

LESESTOFF & FILMFUTTER

CHRONIKEN DES SÜDVIERTELS

Roman über die wilden Zeiten des Kapitalismus im litauischen Šiauliai der 1990er-Jahre. Einfach war die Übersetzung ins Deutsche wohl nicht, denn Rimantas Kmita hat die Abenteuer eines jungen Kerls mit großen Träumen aus der Arbeiterstadt mit Slangbegriffen und Umgangssprache gespickt! (2019)

DIE HUNDE VON RIGA

Krimiklassiker von Henning Mankell. Kommissar Wallander kommt, erst offiziell, dann in geheimer Mission, düsteren Machenschaften in der lettischen Hauptstadt auf die Spur. (1992)

DREAM TEAM 1935

Die unglaubliche Geschichte, wie die lettischen Athleten 1935 in Genf trotz aller Widrigkeiten die erste Basketball-Europameisterschaft gewannen. Kein Wunder, dass viele bis heute glänzende Augen bekommen, wenn sie darüber sprechen. (2012).

BRÜDER/FEINDE

Der Film erzählt exemplarisch an zwei Brüdern das Dilemma der Balten im Zweiten Weltkrieg. Karl kämpft bei der Waffen-SS, Juri bei der Roten Armee, Happy End ausgeschlossen. Estlands größter Kinoerfolg von 2015. (DVD)

PLAYLIST QUERBEET

0:58

II MARIE N – I WANNA
Von den Letten sehr geliebter Song ihrer Eurovision-Song-Contest-Siegerin von 2002

▶ METSATÖLL – VAID VAPRUST
Kräftiger, erdiger, melodischer Rock. Die sonst auf Metal abonnierte estnische Band nimmt hier noch mittelalterliche Instrumente hinzu.

▶ THE ROOP – ON FIRE
Eingängige Popmusik aus Vilnius, geschrieben für den ESC

▶ BRAINSTORM – MAYBE
Noch nie den Namen der lettischen Topband gehört? Aber den Song kennst du garantiert!

▶ MONIKA LINKYTĖ – PO DANGUM
Melodiös-guter Popsong der Litauerin, der vor einigen Jahren auch weltweit aus den Radios schmetterte

Den Soundtrack zum Urlaub gibt's auf **Spotify** unter **MARCO POLO** Baltic States

Oder Code mit Spotify-App scannen

AB INS NETZ

LETTLAND.BLOGSPOT.COM
Aktueller und professioneller Lettland-Blog – mit vielen Nachrichten und Hintergrundbeiträgen

LITAUEN-URLAUBER.DE
Seit Jahren reist eine deutsch-litauische Familie immer wieder ins Baltikum und hat eine ganz schöne Sammlung praktischer und persönlicher Tipps zusammengestellt.

ESTLAND.BLOGSPOT.COM
Und noch so ein gut gemachter Blog, dieser über das Nordlicht unter den baltischen Ländern – auch immer aktuell

FREIE REPUBLIK UŽUPIS
Das macht sofort Lust auf Litauen: Alle witzigen und geistreichen Punkte des Grundgesetzes von Užupis, dem Vilniuser Stadtteil. (Facebook: Verfassung der Republik Užupis)

RMK LOODUSEGA KOOS
App der estnischen Forstverwaltung mit Wanderwegen, Picknickplätzen und vor allem den tollen, wilden und kostenlosen RMK-Campingplätzen

TRAVEL PURSUIT

DAS MARCO POLO URLAUBSQUIZ

Weißt du, wie das Baltikum tickt? Teste hier dein Wissen über die kleinen Geheimnisse und Eigenheiten von Land und Leuten. Die Lösungen findest du in der Fußzeile. Und ganz ausführlich auf den S. 22–27.

❶ Zu welcher Region gehörte in früheren Zeiten das heute litauische Memelland?
a) Kurland
b) Ostpreußen
c) Zarenreich

❷ Welche lettische Stadt mit vielen Holzhäusern war schon oft Drehort von Filmen?
a) Rīga
b) Kuldīga
c) Daugavpils

❸ Einfach ist anders: Wie viele Fälle hat die estnische Sprache?
a) 14
b) 6
c) 8

❹ Und mit welcher Sprache ist das Estnische noch am ehesten verwandt?
a) mit dem Ungarischen
b) mit dem Lettischen
c) mit dem Finnischen

❺ Welche Party lässt im ganzen Baltikum die Nacht zum Tag werden?
a) Maifest
b) 4. Juli
c) Johannisfest

❻ Wie heißt „Sauna" auf Lettisch?
a) Pirtis
b) Pirts
c) Saun

Lösungen: 1b, 2b, 3a, 4c, 5c, 6b, 7c, 8a, 9b, 10c, 11b, 12a

Ziehst du den Buchfink ab, wie viele Arten zählt Lettlands Vogelwelt? 254, 354 oder 454?

7 Was behandeln viele Balten im Herbst wie einen Bodenschatz?

a) Wein
b) Kartoffeln
c) Pilze

8 Wie heißt die witzige estnische Erfindung, bei der man auf einer riesigen Schaukel zum Salto Mortale ansetzt?

a) Kiiking
b) Kipling
c) Kiting

9 Wohin gehen Esten weit weniger als Deutsche und die meisten anderen Europäer?

a) Zum Arzt, um sich untersuchen zu lassen
b) In die Behörde zum Erledigen von bürokratischen Angelegenheiten
c) Zu Sportveranstaltungen

10 Welche der baltischen Sprachen ist näher mit dem Russischen verwandt?

a) Das Lettische und das Estnische
b) Das Litauische
c) Keine der baltischen Sprachen

11 Da reichen die zehn Finger nicht aus: Wie viele Vogelarten haben Ornithologen allein in Lettland gezählt?

a) 255
b) 355
c) 455

12 Was können Tiere der Legende zufolge nur in der Johannisnacht?

a) Sprechen
b) Lachen
c) Geschirr spülen

REGISTER

LOB ODER KRITIK? WIR FREUEN UNS AUF DEINE NACHRICHT!

Trotz gründlicher Recherche schleichen sich manchmal Fehler ein. Wir hoffen, du hast Verständnis, dass der Verlag dafür keine Haftung übernehmen kann.

MARCO POLO Redaktion • MAIRDUMONT • Postfach 31 51
73751 Ostfildern • info@marcopolo.de

Impressum
Titelbild: Fischerkate in Nida (Schapowalow: R. Schmid)
Fotos: DuMont Bildarchiv (Klappe hinten, P. Hirth (11, 66); R. Hackenberg (54/55); huber-images: Lubenow (10), Mehlig (13), B. Santoro (70/71), R. Schmid (104); M. Kaupat (151); Laif: T. Gerber (65), P. Hirth (83, 84), F. Weiss (26/27), G. Westrich (16/17); Laif/hemis.fr: P. Jacques (48); Laif/Zenit: J.-P. Boening (8/9); Look: K. Fengler (87), F. M. Frei (2/3, 60), H. Leue (120/121); Look/age fotostock (109, 115, 131); mauritius images: J. Warburton-Lee (74); mauritius images/Alamy (30/31, 32, 38, 52), J. Ellis (35), P. Forsberg (57, 112), G. Ivuskans (148/149), A. Kendenkovs (94), R. Misius (101), A. Tolstykh (77), M. Ursi (36/37), A. Varanishcha (Klappe vorne außen, Klappe vorne innen, 1), T. E. White (34/35); mauritius images/Alamy/JLK (14/15); mauritius images/Alamy/Mint Images (110); mauritius images/Alamy/Yegorovnick (23); mauritius images/CuboImages (103); mauritius images/Hemis.fr: R. Mattes (6/7); mauritius images/imageBROKER: S. Kiefer (28/29), F. Scholz (90/91); mauritius images/NPL - Wild Wonders of Europe (24); mauritius images/Photononstop (80); picture alliance/imageBROKER: G. Lenz (106); Schapowalow: R. Schmid (42/43, 96/97); Shutterstock: G. Bunt (129), V. Grybauskas (50/51), J. Kumpinovica (19), J. Kuznetsova (12), J. Nikitins (93), I. Pakats (118), A. Pevnev (122), J. Safronova (88), J. Smits (124), B. Stroujko (117), D. Taliun (31), D. Varpina (78), B. Vijeikiene (47, 59); Shutterstock/astudio (68); Shutterstock/LeManna (132/133); Shutterstock/Nfoto (62); vario images/imageBROKER (135); vario images/Westend61 (146/147)

13. Auflage 2022, komplett überarbeitet und neu gestaltet

Autor: Birgit Johannismeier (Kapitel Lettland), Mirko Kaupat, Jan Pallokat
Redaktion: Christina Sothmann
Bildredaktion: Veronika Plajer
Kartografie: © MAIRDUMONT, Ostfildern (S. 40–41, 123, 127, 130–131, Umschlag außen, Faltkarte); © MAIRDUMONT, Ostfildern, unter Verwendung von Kartendaten von OpenStreetMap, Lizenz CC-BY-SA 2.0 (S. 44–45, 72–73, 98–99)
Als touristischer Verlag stellen wir bei den Karten nur den De-facto-Stand dar. Dieser kann von der völkerrechtlichen Lage abweichen und ist völlig wertungsfrei.
Gestaltung Cover, Umschlag und Faltkartencover: bilekjaeger_Kreativagentur mit Zukunftswerkstatt, Stuttgart; Gestaltung Innenlayout: Langenstein Communication GmbH, Ludwigsburg
Spickzettel: in Zusammenarbeit mit PONS GmbH, Stuttgart
Texte hintere Umschlagklappe: Lucia Rojas
Konzept Coverlines: Jutta Metzler, bessere-texte.de

Printed in Poland

MIX
Paper from responsible sources
FSC® C018236
www.fsc.org

MARCO POLO AUTOR
MIRKO KAUPAT
Ganz klar: Er ist genetisch vorbelastet, was das Baltikum angeht. Sein Vater wurde im litauischen Kaunas geboren, und Kaupat ist ein alter baltendeutscher Nachname. Doch das allein ist nicht genug. Mirko reist mit großer Freude immer wieder in diese drei Länderchen, weil sie mit ihren endlosen Stränden, den historischen Städten, den urigen Nationalparks und den skandinavisch angehauchten Menschen einfach nur Spaß machen.

BLOSS NICHT!

FETTNÄPFCHEN UND REINFÄLLE VERMEIDEN

AM FALSCHEN STRAND LIEGEN

Im katholischen Litauen sind manche Strandabschnitte abgeteilt: Mit *vyrų plažias (Männerstrand)* gekennzeichnete Stücke sind den Männern vorbehalten, der *moterų plažias (Frauenstrand)* den Frauen. Für Liebespaare gibt es immer noch den *bendras plažias (gemischt)*. Auch im estnischen Pärnu gibt's z. B. einen Frauenstrand.

SCHLAUMEIERN

Die baltischen Staaten haben tausend Jahre Fremdherrschaft hinter sich. Was die Einwohner daher nicht brauchen, sind Gäste, die ihnen die Welt erklären wollen. Du findest Putin jetzt gar nicht soooo schlimm? Behalt es bitte für dich. Kein Thema für einen Urlaubsplausch.

RELIGIÖSE GEFÜHLE VERLETZEN

Russisch-orthodoxe Kirchen stehen im Baltikum vielerorts. Eine Besichtigung lohnt sich schon wegen der prächtigen Ausstattung und uralter Ikonen. Aber zeig Respekt: keine sexy Freizeitbekleidung, und immer ganz entspannt mit der Kamera - keinen Flash, keine lauten Klicks. Gilt übrigens auch für die katholischen Kirchen Litauens.

OHNE BLUMEN KOMMEN

Es ist ganz einfach und für jeden verständlich: Du bist eingeladen, du bringst einen Blumenstrauß mit und überreichst ihn gleich an der Tür. Ausreden gelten nicht, Blumenläden gibt's überall in Hülle und Fülle.

IM HAUS PFEIFEN

Aberglauben ist im Baltikum noch Teil der Alltagskultur. In Lettland bringt es Glück, wenn man von einer weißen Katze träumt – und Unglück, neue Schuhe auf den Tisch zu legen. Und niemals sitzen 13 Menschen an einem Tisch! In Estland und Litauen wird im Haus nicht gepfiffen – es könnte sonst abbrennen. Auch gibt keiner die Hand über die Türschwelle. Und weniger aus Aberglauben, sondern wegen der Sauberkeit: Schuhe aus beim Betreten einer Privatwohnung!